Thidavadee Camsong, Peter Lüffe

ASIEN

VEGETARISCH

FOTOGRAFIE

Heinz-Josef Beckers

INHALTSVERZEICHNIS

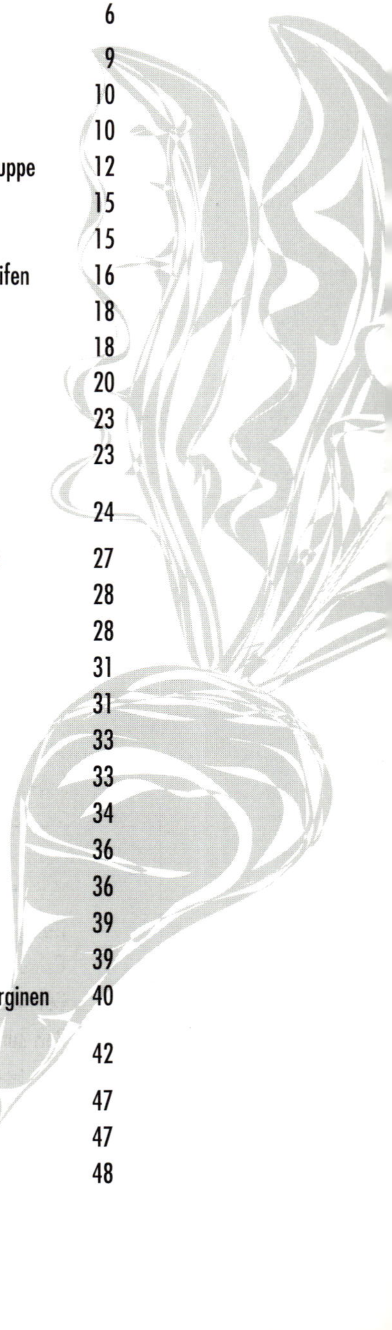

Unkompliziert, schmackhaft, gesund

– mit diesen drei Wörtern läßt sich die vegetarische Küche gut beschreiben. Wie vielfältig sie ist, können Sie am besten in Asien entdecken, dem Erdteil, der auf eine dreitausend Jahre alte vegetarische Tradition zurückblicken kann.
In welchem Land Asiens Sie sich auch aufhalten, der verschwenderische Reichtum an Obst und Gemüse, die Vielfalt der Speisen und die liebevolle Sorgfalt, mit der sie zubereitet werden, werden Sie überwältigen. Natürlich unterscheiden sich die Küchen der einzelnen Regionen durch ihre speziellen geographischen und klimatischen Bedingungen, durch die Zusammensetzung der Bevölkerung und die religiösen und weltlichen Traditionen.

In **China** gilt das Motto: »Wer ausgewogen ißt, ist ausgewogen.« Die Speise nimmt über Gaumen und Magen den Weg zum Mittelpunkt des Körpers: zur Seele. Die Zusammenstellung der Gerichte wird nach dem das ganze chinesische Leben beherrschende Yin- und Yang-Prinzip vorgenommen. Wärmende, Yang, dem männlichen Prinzip, zugeordnete Speisen werden mit kühlenden, Yin, dem weiblichen Prinzip, zugehörigen, serviert, süße mit salzigen, weiche mit festen, milde mit scharfen. Gegessen wird überall in China mit Stäbchen. Mit den paarigen Spitzen nimmt man die mundgerechten Bissen auf. Größere Stücke werden, wenn es die Beschaffenheit erlaubt, mit den Stäbchen zerteilt. Große feste Stücke werden mit den Stäbchen zum Mund geführt, man beißt einen Happen ab und legt den Rest zurück in die Schale. Der Reis wird direkt aus der Schale gegessen, das heißt, mit der linken Hand hebt man die Schale ungefähr bis an das Kinn, um mit den Stäbchen in der rechten Hand den Reis in den Mund zu schieben.

Indonesien ist ein Vielvölkerstaat, und entsprechend vielseitig ist auch die Küche des Landes. Die Einflüsse stammen aus Indien, China und Holland. Die Speisen werden in mundgerechte Stücke geschnitten, auf Tellern oder Bananenblättern serviert und mit Löffel und Gabel gegessen. Dabei wird mit der Gabel der Löffel halbvoll geschoben und so zum Mund geführt. Ein Messer während des Essens zu benutzen, ist völlig unüblich.

Die Küche **Japans** ist nicht nur vom Buddhismus, sondern vor allem vom Shintoismus geprägt, der ältesten Religion des Landes, in der die Natur verehrt wird. So verlangt bei der Zubereitung der Speisen der Respekt vor den Früchten der Erde, ihnen so viel wie möglich von ihrer naturgegebenen Eigenart zu erhalten. Gewürzt wird in Japan sehr vorsichtig. Damit unterscheidet sich die japanische Küche stark von der südostasiatischen, in der scharfe Currypasten und Chilischoten die Geschmacksrichtung angeben. Die japanische Küche besitzt neben der Naturbelassenheit noch ein zweites sehr typisches Merkmal: Sie ist ausgesprochen ästhetisch – eine japanische Mahlzeit ist nicht nur ein Genuß für den Gaumen, sondern auch eine Wohltat für die Augen.

Auch in **Thailand** sollen, ähnlich wie in China, die einzelnen Gerichte einer Mahlzeit ein fein ausgewogenes Gleichgewicht bilden. Mittelpunkt jeder Mahlzeit ist eine große Schüssel Reis, um die herum eine Vielfalt aus Gebratenem, Gedämpftem, Gegrilltem, Gekochtem und Pfannengerührtem angeboten wird. Denn nicht nur der Gegensatz von süß und salzig, mild und scharf wird beim Kochen berücksichtigt, sondern auch die Verschiedenheit der einzelnen Garmethoden. Gegessen wird wie in Indonesien mit Löffel und Gabel. Eine Ausnahme bilden die Nudelgerichte, die meist auf chinesische Art zubereitet werden, und die Suppen: Für diese Gerichte verwendet man Stäbchen, die Brühe wird direkt aus der Schale getrunken.

Die Küche **Vietnams** vereint in sich verschiedene asiatische Einflüsse, am stärksten ist sie aber von China geprägt. Die Grundnahrungsmittel sind die gleichen wie in China und Thailand, im Mittelpunkt steht der Reis, von dem in Vietnam etwa zweitausend verschiedene Sorten angebaut werden sollen. Am beliebtesten ist der Langkornreis, der ohne weitere Zutaten in Wasser gekocht wird. Das Essen wird mit Stäbchen gegessen, wobei großer Wert auf den geschickten Umgang mit dem »Besteck« gelegt wird.

Grundvorrat für Ihre asiatische Küche

Chilipulver
Knoblauch
*Ingwer**
*Mirin**
*Su**
Palmzucker (ersatzweise brauner Zucker)*
*Sesamöl**
*helle und dunkle Sojasauce**
Tamarinde (hält sich angebrochen 3 Monate im Kühlschrank)*

Bambussprossen (Dose)
Kokosmilch (Dose)

*getrocknete Mu-Err-Pilze**
*getrocknete Tongkupilze**

Tiefkühlen lassen sich besonders gut:
Chilischoten
*Ingwer**
*Zitronenblätter**
*Zitronengras**

Diejenigen Zutaten, die in den Rezepten mit einem * versehen sind, werden in dem Glossar auf der hinteren Innenklappe näher beschrieben.

VÖLLIG UNGEBUNDEN

Suppen

Was wäre die asiatische Küche ohne ihre Suppen? Auf alle Fälle um etliches ärmer an delikaten Gerichten. Suppen sind in Asien ausgesprochen beliebt, es gibt unzählige Rezepte für jeden Geschmack, von ganz mild bis feurig scharf.

Von morgens bis abends

Mit einer Suppe beginnt für viele Asiaten der Tag: In einer Gemüsebrühe wird gekochter Reis erwärmt und zum Beispiel mit frischem Koriander oder mit gebratenem Knoblauch gewürzt.

Und rund um die Uhr wird an den Essenständen auf der Straße und in den großen Kaufhäusern frisch zubereitete Suppe verkauft. Dazu gibt es immer gekochten Reis, nur nicht zu Nudelsuppen.

Wird die Suppe nicht als Zwischengericht, sondern im Rahmen einer größeren Mahlzeit gegessen, wird sie im allgemeinen nicht als Vorspeise, sondern quasi »mittendrin« serviert. Bei einem asiatischen Essen kommen alle Gerichte gleichzeitig auf den Tisch, auch mehrere Suppen auf einmal. Damit möchte man erreichen, daß sich die verschiedenen Geschmacksrichtungen ideal ergänzen, also eine milde Suppe die Zunge nach einem scharfen Bissen beruhigt oder umgekehrt nach einem Löffel scharfer Suppe ein weniger stark gewürztes Gericht für Ausgleich sorgt.

Die Grundlage

Grundlage für alle vegetarischen Suppen ist eine klare aromatische Gemüsebrühe (Seite 9). Je nach Gericht können Sie diese Grundbrühe noch abschmecken, zum Beispiel mit etwas Mirin, Sojasauce oder Sesamöl. Achten Sie darauf, daß die Brühe nicht zu intensiv schmeckt, da bei den Rezepten jeweils von einer milden Brühe ausgegangen wird.

Bereiten Sie am besten gleich eine größere Menge Brühe zu. Was Sie nicht sofort verbrauchen, frieren Sie portionsweise ein. Gemüsebrühe hält sich tiefgekühlt etwa drei Monate.

Die schnelle Variante

Wenn es einmal ganz schnell gehen soll, verwenden Sie statt selbstgekochter Brühe eine Instant-Gemüsebrühe. Die brauchen Sie nur nach Packungsanweisung in Wasser aufzulösen und aufkochen zu lassen. Gemüsebrühe wird in der Regel nicht gebunden, sondern für einige Rezepte lediglich mit Kokosmilch sämig gemacht.

Die Scharfen

Einige Suppen rauben einem wegen ihrer Schärfe buchstäblich den Atem. Wenn das nicht Ihrer Vorliebe entspricht, nehmen Sie entweder weniger Chillies als im Rezept angegeben sind, oder Sie entfernen aus den Schoten die Kerne, die den Scharfmacher Capsaicin enthalten.

Beim Arbeiten mit Chillies sollten Sie am besten immer Handschuhe tragen, auf alle Fälle aber vermeiden, mit den Fingern an die Augen zu kommen, das brennt wirklich höllisch! Nach der Zubereitung waschen Sie sich die Hände. Wollen Sie Chilischoten im Mörser zerstampfen, decken Sie die Öffnung ab, damit Ihnen kein Saft in die Augen spritzt.

Laden Sie ein zum Genuß

Eine gute Möglichkeit, die Vielfalt der asiatischen Suppen zu erleben, ist ein sonntäglicher Suppenbrunch. Wählen Sie typische Suppen aus den in diesem Buch behandelten fünf Ländern aus, zum Beispiel

Wan-Tan-Suppe aus China (Seite 20),
Spinatsuppe aus Indonesien (Seite 20),
Nudelsuppe aus Japan (Seite 18),
Austernpilzsuppe aus Thailand (Seite 12),
Dunkle Gemüsesuppe aus Vietnam (Seite 10).

Reichen Sie Reis dazu und probieren und genießen Sie zusammen mit Ihrer Familie und Ihren Freunden.

Grundrezept Gemüsebrühe

Für 2,5 l Brühe benötigen Sie etwa 250 g Staudensellerie, 250 g Möhren, 200 g Rettich und 2 mittelgroße Stangen Lauch. Putzen Sie das Gemüse, waschen Sie es und schneiden es in grobe Stücke. Damit die Brühe noch mehr Geschmack und Farbe bekommt, schälen Sie 2 Zwiebeln, halbieren sie und rösten sie auf der heißen Herdplatte schwarz. Geben Sie alle diese Zutaten zusammen mit etwa 3 l Wasser in einen großen Topf. Würzen Sie mit einigen gewaschenen Zweigen frischen Koriander, 2 geschälten Knoblauchzehen, 1 Lorbeerblatt, 2 Gewürznelken, 10 schwarzen Pfefferkörnern sowie mit Salz. Lassen Sie die Brühe bei lose aufgelegtem Deckel etwa 45 Minuten kochen. Durch ein feines Sieb abgießen.

Zutaten für je 4–6 Personen

Gemischte Gemüsesuppe
1 kleiner Blumenkohl (etwa 500 g)
300 g Broccoli
2 mittelgroße Möhren
300 g Chinakohl
1 mittelgroße Stange Lauch
*2 Bund Koriander**
5 Knoblauchzehen
300 g schnittfester Tofu
10 Eßl. neutrales Öl
2 l Gemüsebrühe (siehe Seite 9)
*3 Eßl. helle Sojasauce**
*2 Eßl. dunkle Sojasauce**
*2 Eßl. Palmzucker**
2 Teel. Salz

Zubereitungszeit: etwa 45 Minuten

Dunkle Gemüsesuppe
300 g Rettich
2 große Möhren
200 g Chinakohl
5 Knoblauchzehen
5 Eßl. neutrales Öl
*3 Eßl. süße dunkle Sojasauce**
2 Eßl. Zucker
1 Teel. Salz
1/2 Teel. schwarzer Pfeffer, frisch gemahlen
1 l Gemüsebrühe (siehe Seite 9)

Zubereitungszeit: etwa 35 Minuten

Gemischte Gemüsesuppe

Aus Thailand • Im Bild

• Das Gemüse waschen, putzen und in mundgerechte Stücke schneiden.

• Den Koriander waschen, von den Wurzeln befreien und grob hacken. Den Knoblauch schälen und mit den Korianderwurzeln im Mörser zerstampfen.

• Den Tofu in Streifen schneiden. 8 Eßlöffel Öl erhitzen. Den Tofu darin in etwa 5 Minuten goldbraun braten.

• Die Gemüsebrühe zum Kochen bringen. Die Knoblauch-Koriander-Paste mit dem übrigen Öl goldgelb braten. Den Blumenkohl, den Broccoli und die Möhren dazugeben und etwa 1 Minute scharf anbraten. Chinakohl, Lauch, Sojasaucen, Palmzucker und Salz hinzufügen. Alles etwa 1 Minute braten.

• Das Gemüse, das Koriandergrün und den Tofu in die Brühe geben und bei mittlerer Hitze etwa 10 Minuten kochen lassen. Mit Salz abschmecken.

Bei 6 Personen pro Portion etwa: 970 kJ/230 kcal

Dunkle Gemüsesuppe

Aus Vietnam • Gelingt leicht

• Den Rettich und die Möhren schälen und in etwa 1/2 cm dicke Scheiben schneiden. Den Chinakohl putzen. Die einzelnen Blätter abtrennen, waschen und grob zerschneiden.

• Den Knoblauch schälen und fein hacken. Das Öl in einer großen tiefen Pfanne stark erhitzen, den Knoblauch darin goldgelb braten. Den Rettich und die Möhren dazugeben und etwa 3 Minuten braten. Den Chinakohl, die Sojasauce, den Zucker, das Salz und den Pfeffer hinzufügen und noch etwa 2 Minuten mitbraten.

• Die Brühe zu dem Gemüse gießen. Alles etwa 15 Minuten kochen lassen. Die Suppe mit Zucker und Salz abschmecken.

Bei 6 Personen pro Portion etwa: 500 kJ/120 kcal

Variante:
Sie können diese Gemüsesuppe auch zusätzlich mit Kohlrabi oder Blumenkohl zubereiten.

Zutaten für je 4 Personen

Gelbe Gemüsesuppe
1 Stück Kürbis (etwa 400 g)
2 große Möhren
4 mittelgroße mehligkochende Kartoffeln
8 Schalotten
2 rote Chillies
*3 Kemirinüsse**
*1 Stengel Zitronengras**
1 Stück frischer Ingwer (etwa daumengroß)*
1 l Gemüsebrühe (siehe Seite 9)
*1 Teel. Kurkuma**
*1 Messerspitze Laos**
*2 Salamblätter**
400 ml Kokosmilch
1 Teel. Salz

Zubereitungszeit: etwa 40 Minuten

Austernpilzsuppe
500 g Austernpilze
*3 Stengel Zitronengras**
1 Stück Galgant (etwa 4 cm)*
*6 Zitronenblätter**
*2 Bund Koriander**
2 Eßl. neutrales Öl
5 große getrocknete Chillies
800 ml Kokosmilch
*4 Eßl. helle Sojasauce**
1/2 Teel. Salz
4 Eßl. Limettensaft

Zubereitungszeit: etwa 30 Minuten

Gelbe Gemüsesuppe

Aus Indonesien • Im Bild

• Den Kürbis, die Möhren und die Kartoffeln schälen und in mundgerechte Würfel schneiden. Die Schalotten schälen und fein hacken. Die Chillies waschen und entstielen.

• Die Schalotten, die Kemirinüsse und die Chillies im Mörser fein zerstampfen. Das Zitronengras waschen und sehr fein hacken. Den Ingwer schälen und ebenfalls fein hacken.

• Die Gemüsebrühe aufkochen, die Schalotten-Chillie-Paste, das Zitronengras, den Ingwer, das Kurkuma, das Laos und die Salamblätter dazugeben und etwa 1 Minute kochen lassen.

• Den Kürbis, die Möhren und die Kartoffeln in die Brühe geben und etwa 20 Minuten bei schwacher Hitze garen. Die Kokosmilch und das Salz einrühren. Alles nochmals etwa 3 Minuten kochen lassen.

Pro Portion etwa: 390 kJ/96 kcal

Austernpilzsuppe

Aus Thailand • Erfrischend

• Die Austernpilze waschen, von den harten Enden befreien und in grobe Stücke zerpflücken. Das Zitronengras waschen, in etwa 5 cm lange Stücke schneiden und mit einem schweren Messer zerquetschen.

• Den Galgant waschen und ebenfalls zerquetschen. Die Zitronenblätter waschen und in Viertel zerreißen. Den Koriander waschen und ohne die Wurzeln grob hacken. Das Öl in einer Pfanne nicht zu stark erhitzen. Die Chillies darin etwa 2 Minuten braten und anschließend beiseite stellen.

• Die Kokosmilch in einem Topf erhitzen. Die Austernpilze, das Zitronengras, den Galgant und die Zitronenblätter hineingeben. Alles bei schwacher Hitze etwa 3 Minuten offen köcheln lassen. Mit der Sojasauce, Salz und dem Limettensaft abschmecken.

• Die Suppe in eine Suppenschüssel umfüllen. Die Chillies jeweils dritteln und mit dem Koriander auf die Suppe streuen.

Pro Portion etwa: 420 kJ/100 kcal

Suppe aus gemischten Pilzen

Aus Vietnam • Im Bild

• Die Tongkupilze etwa 20 Minuten in warmem Wasser einweichen. Inzwischen die Austernpilze und die Egerlinge waschen, putzen und mundgerecht zerkleinern. Die Tongkupilze in ein Sieb schütten, ausdrücken, halbieren, harte Stellen entfernen.

• Den Ingwer und den Knoblauch schälen und kleinhacken. Den Koriander waschen. Die Wurzeln abtrennen und kleinhacken. Die Stiele und die Blätter grob hacken. Das Maismehl mit 4 Eßlöffeln Wasser glattrühren.

• Das Öl in einem Topf erhitzen. Den Knoblauch und den Ingwer darin etwa 1 Minute braten. Alle Pilze, die Sojasauce, den Zucker, das Salz und die Brühe dazugeben. Die Suppe etwa 10 Minuten kochen lassen. Das Maismehl einrühren und die Suppe nochmals aufkochen lassen. Vor dem Servieren mit dem Koriandergrün bestreuen und etwas Pfeffer darüber mahlen.

Bei 6 Personen pro Portion etwa: 350 kJ/83 kcal

Sauer-scharf-Suppe

Aus China • Berühmtes Rezept

• Die Tongkupilze etwa 20 Minuten in warmem Wasser einweichen. Den Tofu unter fließendem Wasser abspülen. Den Tofu und die Bambussprossen in etwa 4 cm lange Stifte schneiden.

• Die Tongkupilze abtropfen lassen und in feine Streifen schneiden. Die Peperoni putzen, waschen, längs halbieren und in feine 2–3 cm lange Stifte schneiden. Schnittlauch und Koriander waschen und ohne die Korianderwurzeln fein schneiden. Die Speisestärke mit 2 Eßlöffeln kaltem Wasser glattrühren.

• Die Gemüsebrühe erhitzen. Den Tofu, die Bambussprossen, die Pilze und die Peperoni etwa 3 Minuten darin bei schwacher Hitze kochen lassen.

• Sojasauce, Salz, Pfeffer, Zucker, Essig und Speisestärke einrühren. Die Suppe aufkochen lassen und Sesamöl, Sambal Oelek, Schnittlauch und Koriander dazugeben.

Bei 6 Personen pro Portion etwa: 450 kJ/110 kcal

Zutaten für je 4–6 Personen

Suppe aus gemischten Pilzen

*10 getrocknete Tongkupilze**
400 g Austernpilze
300 g Egerlinge
*2 Stück frischer Ingwer**
(je etwa daumengroß)
4 Knoblauchzehen
*2 Bund Koriander**
2 Eßl. Maismehl · 2 Eßl. Öl
3 Eßl. helle Sojasauce
1 Eßl. brauner Zucker
1/2 Teel. Salz · 1 1/2 l Gemüsebrühe (siehe Seite 9)
schwarzer Pfeffer, frisch gemahlen

Zubereitungszeit: etwa 30 Minuten

Sauer-scharf-Suppe

*6 mittelgroße Tongkupilze**
150 g schnittfester Tofu
100 g Bambussprossen
1 rote Peperoni
1 Bund Schnittlauch
*1 Bund Koriander**
2 Eßl. Speisestärke
1 1/4 l Gemüsebrühe (siehe Seite 9)
2 Eßl. helle Sojasauce · Salz*
1/2 Teel. schwarzer Pfeffer, frisch gemahlen · 3 Eßl. Zucker
10 Eßl. Su · 1 Teel. Sesamöl**
1 Eßl. Sambal Oelek (siehe Seite 27)

Zubereitungszeit: etwa 35 Minuten

Zutaten für je 4–6 Personen

Misosuppe
1 Frühlingszwiebel
150 g Seidentofu
1 1/2 l Gemüsebrühe (siehe Seite 9)
*200 g rotes Miso**

Zubereitungszeit:
etwa 15 Minuten

Brühe mit Omelettstreifen
*2 Bund Koriander**
1 Bund Schnittlauch
5 Knoblauchzehen
5 Eier
*5 Eßl. helle Sojasauce**
7 Eßl. neutrales Öl
1 1/2 l Gemüsebrühe (siehe Seite 9)
1 Teel. Salz
schwarzer Pfeffer, frisch gemahlen

Zubereitungszeit:
etwa 25 Minuten

Misosuppe

Aus Japan • Im Bild

• Die Frühlingszwiebel putzen, waschen und mit dem zarten Grün in feine Ringe schneiden.

• Die Tofustangen in etwa 1 cm dicke Scheiben schneiden.

• Die Gemüsebrühe mit der Misopaste in einen Topf geben und unter ständigem Rühren mit einem Schneebesen bis kurz unter den Siedepunkt erhitzen. Die Suppe sollte sich dabei leicht binden. Den Tofu vorsichtig in die Brühe einlegen und etwa 1 Minute ziehen lassen.

• Die Suppe in kleinen Schälchen anrichten und mit den Frühlingszwiebelringen garnieren.

Bei 6 Personen pro Portion etwa:
400 kJ/95 kcal

Brühe mit Omelettstreifen

Aus Thailand • Mild

• Den Koriander und den Schnittlauch waschen und ohne die Korianderwurzeln kleinschneiden. Den Knoblauch schälen und fein hacken. Die Eier mit 2 Eßlöffeln Sojasauce verquirlen.

• 5 Eßlöffel Öl in einer großen Pfanne erhitzen. Die Eier darin etwa 1 Minute stocken lassen, wenden und auf der anderen Seite noch etwa 1 Minute braten. Das Omelett auf Küchenpapier entfetten.

• Das restliche Öl in der Pfanne erhitzen. Den Knoblauch darin goldgelb braten, dann beiseite stellen.

• In einem Topf die Gemüsebrühe zum Kochen bringen. Das Omelett in etwa daumenlange, 1/2 cm breite Streifen schneiden, in die Brühe geben und etwa 1 Minute kochen lassen.

• Die Suppe mit der restlichen Sojasauce und Salz abschmecken, mit Koriander, Schnittlauch und Knoblauch bestreuen und mit Pfeffer übermahlen.

Bei 6 Personen pro Portion etwa:
800 kJ/190 kcal

Zutaten für je 4–5 Personen

Japanische Nudelsuppe
150 g junge Möhren
100 g Blattspinat
1 Frühlingszwiebel
*400 g Udonnudeln**
1 l Gemüsebrühe (siehe Seite 9)
1 Eßl. Zucker
1/2 Teel. Salz
*4 Eßl. japanische Sojasauce**
*3 Eßl. Mirin**

Zubereitungszeit: etwa 25 Minuten

Glasnudelsuppe
*10 mittelgroße getrocknete Mu-Err-Pilze**
*100 g Glasnudeln**
400 g Blattspinat
5 Knoblauchzehen
3 Eßl. neutrales Öl
1 1/2 l Gemüsebrühe (siehe Seite 9)
*3 Eßl. helle Sojasauce**
1/2 Teel. Salz
1 Teel. Zucker
schwarzer Pfeffer, frisch gemahlen

Zubereitungszeit: etwa 25 Minuten

Japanische Nudelsuppe

Gelingt leicht

• Reichlich Wasser in einem Topf erhitzen. Die Möhren schälen, putzen und in feine Stifte schneiden. Die Stifte im kochenden Wasser etwa 5 Minuten garen, mit einem Schaumlöffel herausnehmen und beiseite stellen. Den Spinat verlesen und mehrmals in stehendem kaltem Wasser waschen. Im sprudelnd kochenden Wasser etwa 1 Minute blanchieren, dann in ein Sieb abgießen. Die Frühlingszwiebel putzen, waschen und in feine Ringe schneiden.

• Die Nudeln nach Packungsanweisung nicht zu weich kochen, dann abgießen, kalt abspülen und warm halten.

• Die Gemüsebrühe aufkochen. Die Brühe mit dem Zucker, dem Salz, der Sojasauce und dem Mirin würzen. Die Möhren und den Spinat in die Brühe geben und erwärmen. Die Nudeln in Suppenschalen verteilen und mit der kochend heißen Brühe auffüllen. Mit den Frühlingszwiebelringen garnieren.

Bei 5 Personen pro Portion etwa: 540 kJ/130 kcal

Glasnudelsuppe

Aus Thailand • Im Bild

• Die Mu-Err-Pilze in warmem Wasser etwa 20 Minuten einweichen.

• Inzwischen die Glasnudeln in warmem Wasser etwa 5 Minuten einweichen. Den Spinat verlesen und mehrmals in stehendem kaltem Wasser waschen. Große Blätter halbieren. Die Glasnudeln in ein Sieb schütten und mit der Küchenschere grob zerschneiden.

• Den Knoblauch schälen und sehr fein hacken. Das Öl in einer Pfanne erhitzen. Den Knoblauch darin goldgelb braten, dann beiseite stellen.

• Die Mu-Err-Pilze in ein Sieb schütten und abtropfen lassen. Die Pilze von den harten Stellen befreien und in mundgerechte Stücke zerreißen. Die Gemüsebrühe aufkochen. Die Pilze, die Glasnudeln, den Spinat, die Sojasauce, das Salz und den Zucker hineingeben. Alles etwa 1 Minute kochen lassen. Den Knoblauch einrühren und Pfeffer darüber mahlen.

Bei 5 Personen pro Portion etwa: 610 kJ/140 kcal

Zutaten für je 4–5 Personen

Wan-Tan-Suppe
20 tiefgekühlte Wan-Tan-Teigplatten (Asienladen)
70 g schnittfester Tofu
1 kleine Möhre
50 g Wassernüsse
*30 g Sichuangemüse**
(aus der Dose)
1/2 Teel. Zucker
1 Teel. Speisestärke
1 Teel. Salz
3 Eßl. neutrales Öl
100 g Blattspinat
1 1/2 l Gemüsebrühe (siehe Seite 9)
schwarzer Pfeffer, frisch gemahlen · Sesamöl

Zubereitungszeit:
etwa 45 Minuten

Spinatsuppe
600 g Blattspinat
1 Dose Gemüsemais
(340 g Abtropfgewicht)
5 Schalotten
*3 Stück frischer Ingwer**
(je etwa daumengroß)
3 Eßl. neutrales Öl
400 ml Kokosmilch
1 Teel. Sambal Oelek
(siehe Seite 27)
1 1/2 Teel. Salz
Muskatnuß, frisch gerieben

Zubereitungszeit:
etwa 25 Minuten

Wan-Tan-Suppe

Aus China • Im Bild

• Die Wan-Tan-Teige bei Zimmertemperatur auftauen.

• Den Tofu unter fließendem Wasser abspülen. Die Möhre schälen. Die Wassernüsse abspülen. Alle diese Zutaten und das Sichuangemüse in winzige Würfel schneiden. Mit dem Zucker, der Speisestärke, 1/2 Teelöffel Salz und dem Öl sorgfältig vermischen.

• Je 1 Teelöffel Füllung in die Mitte einer Teigplatte setzen. Die vier Ecken der Platte jeweils darüber legen und in der Mitte leicht zusammendrücken.

• Den Spinat verlesen, mehrmals in stehendem kaltem Wasser waschen, abtropfen lassen und grob hacken. Die Gemüsebrühe aufkochen. Die Teigtaschen vorsichtig einzeln in die heiße, aber nicht sprudelnd kochende Brühe legen und bei schwacher Hitze etwa 3 Minuten ziehen lassen. Den Spinat, das restliche Salz, Pfeffer und Sesamöl hineingeben.

Bei 5 Personen pro Portion etwa:
880 kJ/210 kcal

Spinatsuppe

Aus Indonesien • Schnell

• Den Blattspinat verlesen, mehrmals in stehendem kaltem Wasser waschen, abtropfen lassen und grob hacken. Die Maiskörner abtropfen lassen. Die Schalotten und den Ingwer schälen und fein hacken.

• Das Öl in einem Topf erhitzen. Die Schalotten und den Ingwer darin etwa 1 Minute anbraten. Den Spinat und den Mais dazugeben und so lange mit anbraten, bis der Spinat zusammengefallen ist.

• Die Kokosmilch, 1/8 l Wasser, das Sambal Oelek, das Salz und Muskat hinzufügen. Alles etwa 3 Minuten köcheln lassen.

Bei 5 Personen pro Portion etwa:
670 kJ/160 kcal

Variante:
Anstelle von Kokosmilch und Wasser können Sie 3/4 l Gemüsebrühe verwenden, die Sie mit etwas Sesamöl abschmecken. Die Suppe wird dann allerdings nicht so sämig.

Gurkensuppe mit Lilienblüten

Aus China • Im Bild

• Die Lilienblüten in warmem Wasser etwa 20 Minuten einweichen.

• Inzwischen die Gurke schälen, längs halbieren und die Kerne herausschaben. Die Gurkenhälften in etwa 1/2 cm dicke Stücke schneiden. Die Tomaten waschen, vierteln und von den Stielansätzen befreien. Den Schnittlauch waschen und fein schneiden.

• Die Gemüsebrühe aufkochen. Die Lilienblüten abtropfen lassen und eventuell von den harten Enden befreien. Die Blüten entweder einzeln oder alle zusammen einmal knoten und zusammen mit den Gurkenstücken in der Brühe bei schwacher Hitze etwa 10 Minuten kochen lassen.

• Die Tomaten, die Sojasauce und das Salz dazugeben und etwa 3 Minuten mitköcheln lassen. Das Sesamöl einrühren und die Suppe mit Schnittlauch und Pfeffer bestreuen.

Bei 6 Personen pro Portion etwa:
110 kJ/26 kcal

Saure Gemüsesuppe

Aus Indonesien • Braucht etwas Zeit

• Die Tamarinde in warmem Wasser etwa 20 Minuten einweichen. Aubergine und Zucchini waschen, putzen, klein würfeln, salzen und etwa 20 Minuten ziehen lassen. Den Weißkohl waschen und in Streifen schneiden. Die Bohnen waschen, putzen und in Stücke schneiden. Die Schalotten schälen. Die Chillies waschen und von den Stielen befreien. Beides hacken und mit den Kemirinüssen im Mörser zerstampfen.

• In einem großen Topf 1/4 l Wasser mit der Schalotten-Chillie-Paste und den Erdnüssen etwa 3 Minuten kochen lassen. Laos, Zucker, Salamblätter, Weißkohl, Bohnen und Gemüsebrühe noch etwa 5 Minuten mitköcheln lassen.

• Die Tamarinde auspressen, den Saft dabei auffangen. Die Aubergine und die Zucchini abgießen. Mit dem Tamarindensaft und Salz zur Suppe geben und noch etwa 10 Minuten garen.

Bei 6 Personen pro Portion etwa:
580 kJ/140 kcal

Zutaten für je 4–6 Personen

Gurkensuppe mit Lilienblüten

*20 g getrocknete Lilienblüten**
1 große Salatgurke
3 kleine Tomaten
1 Bund Schnittlauch
1 1/4 l Gemüsebrühe (siehe Seite 9)
*2 Eßl. helle Sojasauce**
1 Teel. Salz
*1 Teel. Sesamöl**
schwarzer Pfeffer, frisch gemahlen

Zubereitungszeit: etwa 30 Minuten

Saure Gemüsesuppe

4 Stück gepreßte Tamarinde (je etwa walnußgroß)*
1 kleine Aubergine
3 mittelgroße Zucchini
1 1/2 Teel. Salz
200 g Weißkohl (geputzt gewogen)
*200 g Schlangenbohnen**
5 Schalotten · 2 rote Chillies
*5 Kemirinüsse**
50 g geröstete Erdnüsse
*1 Messerspitze Laos**
2 Teel. Zucker
*2 Salamblätter**
1 l Gemüsebrühe (siehe Seite 9)

Zubereitungszeit: etwa 30 Minuten

LUST AUF...

Buntes Gemüse

Riesige Auswahl
Die Gemüsemärkte in Asien geben einen überwältigenden Eindruck von dem üppigen Angebot an Gemüse in diesem Teil der Welt. In Bangkok, in Jakarta, in Ho-Chi-Minh-City, wie das ehemalige Saigon heute heißt, in Shanghai und in Tokio ist die Auswahl riesig.

Wenn Sie während einer Reise einmal die Gelegenheit haben, einen solchen von Leben brodelnden Platz kennenzulernen, sollten Sie es tun – auch dann, wenn Sie nicht die Absicht haben, etwas zu kaufen. Sie werden dort viele vertraute Gemüsesorten entdecken, die dort wie hier gut gedeihen und sich vielleicht nur in der Größe unterscheiden. So wurden zum Beispiel von den Holländern Kohl, Möhren und Tomaten nach Indonesien importiert. Darüber hinaus gibt es aber noch etliche bei uns unbekannte Sorten, die zu probieren sich lohnt. Vielleicht steigt Ihnen der Duft einer der vielen kleinen Garküchen so verführerisch in die Nase, daß Sie im Stehen ein kleines köstliches Gemüsegericht zu sich nehmen.

Schwimmende Märkte
Eine Besonderheit in Asien sind die schwimmenden Gemüsemärkte, die es zum Beispiel in Thailand in Bangkok und in Vietnam im Mekongdelta gibt. Die Händler fahren mit langen schmalen Holzbooten, auf denen das Gemüse in Körben aufgetürmt ist, von Haus zu Haus oder legen eine Zeitlang an bestimmten Stellen der Stadt an. Die Boote enthalten ein farbenfrohes Angebot: Chilischoten in verschiedenen Rot- und Grüntönen, Dutzende von Auberginenarten, hell- und dunkellila, Paprikaschoten in Grün, Rot, Orange und Gelb, weißgrünen Knoblauch, grünen und roten Pfeffer, Schnittknoblauch, gelbe Bambussprossen und weiße Sojabohnenkeimlinge…

Schnelle Küche

In Asien wird Gemüse am häufigsten in der Pfanne beziehungsweise im Wok zubereitet. In diese vielseitige Metallschüssel wird etwas Öl gegeben und stark erhitzt. Dann kommt das vorbereitete, meistens bereits in mundgerechte Stücke geschnittene Gemüse hinein. Unter ständigem Wenden wird es in dem heißen Öl kräftig angebraten. Zum Ablöschen verwendet man Brühe, Sojasauce oder Reisessig. Diese Garmethode hat viele Vorteile: Die Zubereitungszeit ist sehr kurz, wodurch wertvolle Inhaltsstoffe und das frische Aussehen des Gemüses weitgehend erhalten bleiben. Und Sie selbst können das Essen genießen, ohne lange am Herd stehen zu müssen.

Das Gemüse wird entweder nach Sorten getrennt serviert oder auf delikate Weise kombiniert. Bei der Zusammenstellung wird nicht allein der Geschmack der einzelnen Sorte berücksichtigt, sondern auch ihre Bißfestigkeit und Farbe. Zu vielen Gerichten paßt gut eine scharfe Sauce. Die Rezepte für Sambal Oelek und für eine einfache Chilisauce finden Sie rechts auf dieser Seite. Selbstverständlich wird auch zu den Gemüsegerichten immer Reis serviert.

Das Angebot bei uns

In den hiesigen Asienläden und auf den größeren Märkten erhalten Sie eine ganze Anzahl asiatischer Gemüsesorten – die Auswahl wird erfreulicherweise immer größer. So haben sich Chinakohl und Sojabohnensprossen auch bei uns ihren festen Platz in den Gemüsesteigen erobert. Rettich, der in der chinesischen Gemüseküche eine wichtige Rolle spielt, gibt es auch bei uns.

Sprechen Sie mit dem Händler über das Angebot an asiatischem Gemüse und fragen Sie ihn nach den günstigsten Lieferzeiten. Vielleicht kann er Ihnen bei Bedarf bestimmte Sorten besorgen, die er bisher noch nicht in sein Sortiment aufgenommen hatte, die es beim Großhändler aber durchaus gibt. Sie werden feststellen, daß Ihnen für Ihre asiatische vegetarische Küche eine breite Palette an Gemüse zur Verfügung steht, mit der Sie ganz neue Geschmacksrichtungen entdecken können.

Sambal Oelek – scharfe Sauce aus Indonesien

Schnell zubereitet ist die feuerrote Sauce, die wirklich »hot« ist: Für etwa 20 Teelöffel davon 20 rote Chillies waschen, entstielen und zerkleinern. Im Mörser mit etwas Salz zerstampfen. Die Paste in einer Pfanne mit 8 Eßlöffeln neutralem Öl verrühren und die Mischung etwa 10 Minuten erhitzen. Dabei ab und zu umrühren.

Einfache Chilisauce

Diese scharfe Beilage aus Thailand gelingt ganz schnell: 2 geschälte Knoblauchzehen im Mörser zerstampfen. 4 Eßlöffel helle Sojasauce, 2 Eßlöffel Limettensaft und jeweils 1 Eßlöffel Palmzucker und Chilipulver dazugeben. Alles solange verrühren, bis sich der Zucker gelöst hat.

Zutaten für je 4 Personen

Gemüse mit Glasnudeln
*100 g Glasnudeln**
200 g Broccoli
2 mittelgroße Möhren
200 g Chinakohl
200 g schnittfester Tofu
3 Knoblauchzehen
7 Eßl. neutrales Öl
*3 Eßl. helle Sojasauce**
*2 Eßl. dunkle Sojasauce**
2 Eßl. Zucker
1/2 Teel. Salz

Zubereitungszeit:
etwa 30 Minuten

Gebratene Sojabohnensprossen
*3 Stück frischer Ingwer**
(je etwa daumengroß)
400 g Sojabohnensprossen
1 Bund Schnittlauch
5 Knoblauchzehen
5 Eßl. neutrales Öl
*3 Eßl. helle Sojasauce**
1/2 Teel. Salz
1 Eßl. Zucker

Zubereitungszeit:
etwa 20 Minuten
(+ 20 Minuten
Ruhezeit)

Gemüse mit Glasnudeln

Aus Thailand • Preiswert

• Die Glasnudeln in warmem Wasser etwa 5 Minuten einweichen, abtropfen lassen und grob zerschneiden. Den Broccoli waschen, putzen und in kleine Röschen teilen. Den Stiel in mundgerechte Scheiben schneiden. Die Möhren schälen und in Scheiben schneiden. Den Chinakohl putzen, die einzelnen Blätter abtrennen, waschen, abtropfen lassen und grob zerschneiden.

• Den Tofu in etwa 5 cm lange Streifen schneiden. Den Knoblauch schälen und kleinhacken. Das Öl in einer Pfanne stark erhitzen, den Tofu darin in etwa 5 Minuten goldbraun braten, dann beiseite stellen. Den Knoblauch in die Pfanne geben und goldbraun braten. Broccoli und Möhren hinzufügen. Alles bei starker Hitze unter ständigem Wenden etwa 1 Minute braten. Glasnudeln, Chinakohl, Sojasaucen und Zucker dazugeben und etwa 1 Minute mitbraten. Den Tofu daruntermischen. Das Gemüse mit Salz abschmecken.

Pro Portion etwa: 1000 kJ/250 kcal

Gebratene Sojabohnensprossen

Aus Vietnam • Im Bild

• Den Ingwer schälen und zuerst in dünne Scheiben, dann in Stifte schneiden. Die Stifte in eine Schüssel geben, mit kaltem Wasser bedecken und etwa 20 Minuten ruhen lassen.

• Inzwischen die Sojabohnensprossen waschen und abtropfen lassen. Den Schnittlauch waschen und in etwa 4 cm lange Stücke schneiden. Den Knoblauch schälen und fein hacken.

• Den Ingwer in ein Sieb schütten und abtropfen lassen. Das Öl in einer Pfanne stark erhitzen. Den Knoblauch darin goldgelb anbraten. Den Ingwer, die Sojabohnensprossen, die Sojasauce, das Salz, den Zucker und den Schnittlauch hinzufügen. Alles unter ständigem Wenden etwa 1 Minute braten. Die Sojabohnensprossen mit Zucker und Sojasauce noch einmal abschmecken.

Pro Portion etwa: 440 kJ/100 kcal

Bananenblüten in Kokosmilch

Aus Indonesien • Gelingt leicht

• Die Bananenblüten abtropfen lassen. Harte Teile entfernen. Die Blüten in mundgerechte Stücke schneiden. Die Schalotten schälen und fein hacken.

• Die Kokosmilch in einem Topf aufkochen lassen. Die Schalotten, das Salz und Pfeffer in die Milch geben und bei schwacher Hitze etwa 1 Minute köcheln lassen.

• Die Bananenblüten hinzufügen und etwa 10 Minuten mitköcheln lassen, dabei öfters umrühren.
Dazu schmeckt Sambal Oelek (siehe Seite 27).

Pro Portion etwa: 100 kJ/25 kcal

Tip
Frische Bananenblüten gibt es bei uns selbst in Asienläden selten, deshalb empfehlen wir Ihnen Dosenware.

Spinat mit Sesam

Aus Japan • Im Bild

• Die Sesamsamen in einer trockenen Pfanne etwa 2 Minuten zugedeckt rösten. Die Pfanne dabei immer wieder rütteln, damit die Körner nicht anbrennen. Die Samen in einen Suribachi geben und mit dem Stößel zerquetschen.

• Den zerquetschten Sesam in eine Schüssel umfüllen und mit dem Zucker, der Sojasauce und dem Mirin vermischen.

• In einem großen Topf reichlich Salzwasser zum Kochen bringen. Den Spinat verlesen und mehrmals in stehendem kaltem Wasser waschen. Im sprudelnd kochenden Wasser etwa 1 Minute blanchieren. Den Spinat in ein Sieb abgießen, abtropfen lassen und sorgfältig ausdrücken. Die Blätter grob hacken.

• Den Spinat in eine Schüssel geben. Die Sauce hinzufügen. Den Spinat darin wenden und abschmecken.

Pro Portion etwa: 510 kJ/120 kcal

Zutaten für je 4 Personen

Bananenblüten in Kokosmilch
2 Dosen Bananenblüten
(je 500 g Abtropfgewicht)
6 Schalotten
400 ml Kokosmilch
1 Teel. Salz
schwarzer Pfeffer, frisch gemahlen

Zubereitungszeit:
etwa 20 Minuten

Spinat mit Sesam
*4 Eßl. helle Sesamsamen**
2 Eßl. Zucker
*4 Eßl. japanische Sojasauce**
*2 Eßl. Mirin**
Salz
800 g Blattspinat

Zubereitungszeit:
etwa 25 Minuten

Geschmorte Schwarzwurzeln

Aus Japan • Im Bild

• Die Tongkupilze in eine Schüssel geben, mit warmem Wasser bedecken und etwa 20 Minuten einweichen.

• Inzwischen die Möhren putzen, schälen und in etwa 5 cm lange dünne Stifte schneiden. Die Schwarzwurzeln mit einer Bürste abbürsten, schälen und in gleich große Stifte wie die Möhren schneiden. Den Ingwer waschen und mit der Schale auf einer feinen Reibe reiben. Die Pilze in ein Sieb schütten und ausdrücken. Die Stiele entfernen, die Kappen in schmale Streifen schneiden.

• In einer hochwandigen Pfanne das Öl erhitzen. Die Möhren, die Schwarzwurzeln und die Tongkupilze hineingeben. Den Ingwer ausdrücken. Den Ingwersaft, den Mirin, den Zucker, die Sojasauce und Pfeffer einrühren. Alles bei schwacher Hitze und lose aufgelegtem Deckel etwa 20 Minuten schmoren lassen.

Pro Portion etwa: 590 kJ/140 kcal

Austernpilze mit Basilikum

Aus Thailand • Schnell

• Die Austernpilze waschen, von den harten Stielansätzen befreien und grob hacken. Den Knoblauch schälen und fein hacken. Die Peperoni waschen, ebenfalls von den Stielansätzen befreien und fein hacken. Den Knoblauch und die Peperoni mit 1/2 Teelöffel Salz im Mörser zu einer Paste zerstampfen. Die Blätter von den Basilikumzweigen abzupfen und waschen.

• Das Öl in einer Pfanne stark erhitzen. Die Paste in das Öl einrühren und etwa 1 Minute unter ständigem Rühren braten. Die Pilze, die Sojasauce, den Zucker, etwa 5 Eßlöffel Wasser und das restliche Salz dazugeben. Alles bei starker Hitze etwa 1 Minute scharf braten.

• Die Pfanne von der Herdplatte nehmen. Die Pilze mit den Basilikumblättern mischen und servieren.

Pro Portion etwa: 630 kJ/150 kcal

Zutaten für je 4 Personen

Geschmorte Schwarzwurzeln
*5 mittelgroße Tongkupilze**
300 g Möhren
600 g Schwarzwurzeln
*2 Stück frischer Ingwer**
(je etwa daumengroß)
4 Eßl. neutrales Öl
*4 Eßl. Mirin**
2 Eßl. Zucker
*3 Eßl. japanische Sojasauce**
schwarzer Pfeffer, frisch gemahlen

Zubereitungszeit:
etwa 45 Minuten

Austernpilze mit Basilikum
500 g Austernpilze
7 Knoblauchzehen
2 rote Peperoni
1 Teel. Salz
*100 g frisches rotes thailändisches Basilikum**
(Bai Grapau; Asienladen)
5 Eßl. neutrales Öl
*3 Eßl. helle Sojasauce**
1 1/2 Teel. Zucker

Zubereitungszeit:
etwa 20 Minuten

Zutaten für 4 Personen

2 Dosen Gemüsemais
(je 340 g Abtropfgewicht)
*2 Stengel Zitronengras**
*1 Stück Galgant**
(etwa 4 cm lang)
*2 Stück Kurkuma**
(je etwa daumenlang)
*5 Zitronenblätter**
1 Teel. Salz
5 Eßl. Kokosraspeln
*3 Eßl. helle Sojasauce**
*2 Eßl. Palmzucker**
200 ml Kokosmilch
500 g Bananenblätter
Außerdem:
Zahnstocher

Zubereitungszeit:
etwa 55 Minuten

Mais in Bananenblättern

Aus Vietnam • Braucht etwas Zeit

• Den Mais abtropfen lassen. Das Zitronengras waschen und in feine Ringe schneiden. Den Galgant und das Kurkuma schälen und kleinhacken. Die Zitronenblätter waschen, abtropfen lassen, der Länge nach aufrollen und haarfein zerschneiden.

• Das Zitronengras, den Galgant und das Kurkuma zusammen mit dem Salz im Mörser fein zerstampfen. Die Kokosraspeln dazugeben und alles so lange stampfen, bis eine Paste entstanden ist.

• Die Paste mit den Maiskörnern, der Sojasauce, dem Palmzucker und der Kokosmilch in einer Schüssel sorgfältig verrühren.

• Die Bananenblätter vorsichtig mit einem feuchten Tuch abreiben. Die Blätter in knapp 20 cm breite Stücke schneiden. Jeweils 2 Stücke übereinanderlegen und jeweils 3 Eßlöffel der Maismasse auf die Mitte geben.

• Die breiten Seiten der Bananenblätter so übereinanderschlagen, daß sich die Kanten 2–3 cm überlappen. Die Blätter mit Zahnstochern zusammenhalten. Die beiden Schmalseiten nach innen einklappen und ebenfalls mit Zahnstochern befestigen.

• Die gefüllten Bananenblätter auf den Grill legen. Auf jeder Seite etwa 3 Minuten grillen. Das äußere Bananenblatt darf dabei schwarz werden.

Pro Portion etwa: 880 kJ/210 kcal

Tip

Bananenblätter gibt es im Asienladen. Falls Sie einmal keine bekommen, können Sie sich mit doppelt gelegter Alufolie behelfen. Geschmack und Duft sind dann allerdings nicht mehr so typisch.

Zutaten für je 4–5 Personen

Sautierter grüner Spargel
700 g grüner Spargel
2 Teel. Speisestärke
4 Knoblauchzehen
6 Eßl. neutrales Öl
1 Eßl. Zucker
*2 Eßl. helle Sojasauce**
1/2 Teel. Salz
schwarzer Pfeffer, frisch gemahlen
*1 Eßl. Sesamöl**

Zubereitungszeit: etwa 20 Minuten

Blumenkohl mit Chillies
4 Knoblauchzehen
2 Stück frischer Ingwer (je etwa daumengroß)*
2 rote Chillies
5 Schalotten
3 Frühlingszwiebeln
1 Blumenkohl (etwa 1 kg)
3 1/2 Teel. Salz
5 Eßl. neutrales Öl
*3 Eßl. helle Sojasauce**
1 Eßl. Zucker

Zubereitungszeit: etwa 30 Minuten

Sautierter grüner Spargel

Aus China • Für Gäste

• Etwa 2 l Wasser zum Kochen bringen. Den Spargel waschen. Die holzigen Enden abschneiden. Die Stangen eventuell unten etwas schälen. Den Spargel in etwa 5 cm lange Stücke schneiden. Die Stücke im sprudelnd kochenden Wasser etwa 1 Minute blanchieren, in ein Sieb schütten, mit eiskaltem Wasser übergießen und abtropfen lassen.

• Die Speisestärke mit 1 Eßlöffel kaltem Wasser glattrühren. Den Knoblauch schälen und fein hacken. Das Öl in einer Pfanne oder im Wok erhitzen und den Knoblauch darin goldgelb braten. Den Spargel dazugeben und unter ständigem Wenden bei starker Hitze etwa 1 Minute sautieren. Zucker, Sojasauce, Salz, Pfeffer sowie 10 Eßlöffel Wasser hinzufügen. Die Stärke unterrühren. Den Spargel mit dem Sesamöl beträufeln.

Bei 5 Personen pro Portion etwa:
600 kJ/140 kcal

Blumenkohl mit Chillies

Aus Indonesien • Im Bild

• Den Knoblauch und den Ingwer schälen und fein hacken. Die Chillies waschen, vom Stielansatz befreien und in feine Stifte schneiden. Die Schalotten schälen und fein hacken. Die Frühlingszwiebeln putzen, waschen und in etwa 4 cm lange Stücke schneiden.

• Den Blumenkohl putzen, waschen, vom Strunk befreien und in mundgerechte Röschen zerteilen. Etwa 1 l Wasser mit 3 Teelöffeln Salz zum Kochen bringen. Die Blumenkohlröschen darin etwa 5 Minuten garen, dann in ein Sieb schütten und abtropfen lassen.

• Das Öl in einer Pfanne erhitzen. Knoblauch, Ingwer, Chillies und Schalotten hineingeben und bei starker Hitze unter ständigem Wenden etwa 2 Minuten braten. Den Blumenkohl, die Sojasauce, das restliche Salz, den Zucker und etwa 1/8 l Wasser hinzufügen. Alles bei mittlerer Hitze zugedeckt etwa 10 Minuten dünsten.

Bei 5 Personen pro Portion etwa:
680 kJ/160 kcal

Gebratener Rettich mit Ei

Aus Vietnam • Im Bild

• Den Rettich putzen, schälen und in etwa 1/2 cm dicke Stifte schneiden. Die Stifte in eine Schüssel geben. Den Su hinzufügen. Den Rettich etwa 1 Stunde zugedeckt marinieren.

• Inzwischen den Knoblauch schälen und fein hacken. Frühlingszwiebeln putzen, waschen, längs halbieren, in etwa 4 cm lange Stücke schneiden.

• Den Rettich abtropfen lassen. Das Öl in einer Pfanne stark erhitzen. Den Knoblauch darin goldgelb braten. Den Rettich und die Frühlingszwiebeln dazugeben und etwa 2 Minuten mitbraten. Die Sojasauce, das Salz und den Zucker untermischen. Das Gemüse an den Pfannenrand schieben.

• In die freie Stelle der Pfanne die Eier schlagen, verrühren und stocken lassen. Die feste Eiermasse grob zerteilen. Die Eier mit dem Gemüse vermischen. Den Schnittlauch unterheben.

Bei 5 Personen pro Portion etwa: 610 kJ/145 kcal

Broccoli mit Sojasauce

Aus China • Gelingt leicht

• Den Broccoli putzen, waschen und in kleine Röschen teilen. Den Stiel abschneiden und das untere holzige Ende entfernen. Den Stiel schälen und in mundgerechte Scheiben schneiden. Den Knoblauch schälen und fein hacken. Die Speisestärke mit 2 Eßlöffeln Wasser glattrühren.

• Die Gemüsebrühe mit der Sojasauce, 1/2 Teelöffel Salz, dem Zucker, dem Pfeffer und dem Sesamöl aufkochen. Die Speisestärke einrühren und aufkochen lassen. Die Sauce warm halten.

• Das Öl in einer Pfanne oder im Wok erhitzen. Den Knoblauch darin goldgelb braten. Den Broccoli und das restliche Salz hinzufügen und bei starker Hitze etwa 3 Minuten unter ständigem Wenden scharf anbraten. Das Gemüse auf einer Platte anrichten und mit der Sauce übergießen.

Bei 5 Personen pro Portion etwa: 800 kJ/190 kcal

Zutaten für je 4–5 Personen

Gebratener Rettich mit Ei
500 g Rettich
*1/8 l Su**
5 Knoblauchzehen
3 Frühlingszwiebeln
5 Eßl. neutrales Öl
*3 Eßl. helle Sojasauce**
1/2 Teel. Salz
1 Eßl. Zucker
2 Eier
1 Eßl. Schnittlauchröllchen

Zubereitungszeit: etwa 15 Minuten (+ 1 Stunde Marinierzeit)

Broccoli mit Sojasauce
600 g Broccoli
4 Knoblauchzehen
3 Teel. Speisestärke
1/4 l Gemüsebrühe (siehe Seite 9)
*5 Eßl. süße dunkle Sojasauce**
1 1/2 Teel. Salz
1 Eßl. Zucker
1/2 Teel. schwarzer Pfeffer, frisch gemahlen
*1 Teel. Sesamöl**
6 Eßl. neutrales Öl

Zubereitungszeit: etwa 25 Minuten

Zutaten für je 4–5 Personen

Gemüsetempura
1 mittelgroße grüne Paprikaschote
100 g grüner Spargel
1 kleine Aubergine
100 g Broccoli
2 mittelgroße Zwiebeln
100 g Austernpilze
*100 g frische Tongkupilze**
2 Eigelb · 100 g Mehl
100 g Maismehl · Salz
100 g Rettich
2 Stück frischer Ingwer (je etwa daumengroß)*
1/4 l Gemüsebrühe (siehe Seite 9)
*4 Eßl. japanische Sojasauce**
3 Eßl. Mirin · 1 Eßl. Zucker*
1 l neutrales Öl
Zum Mehlieren: Mehl

Zubereitungszeit: etwa 1 Stunde

Gebratene Auberginen
2 mittelgroße Auberginen
Salz
2 mittelgroße Zwiebeln
2 rote Chillies
1 l neutrales Öl
2 Teel. Paprikapulver, edelsüß
2 Teel. brauner Zucker
*3 Eßl. helle Sojasauce**

Zubereitungszeit: etwa 25 Minuten (+ 20 Minuten Ruhezeit)

Gemüsetempura

Aus Japan • Im Bild

• Die Paprikaschote halbieren und putzen. Von dem Spargel die holzigen Enden abschneiden. Die Aubergine und den Broccoli putzen. Die Zwiebeln schälen. Alle diese Gemüse und die Pilze waschen, abtropfen lassen und in mundgerechte Stücke schneiden.

• Die Eigelbe mit 1/4 l eiskaltem Wasser verquirlen. Die Mehle und Salz mischen und vorsichtig unter die Eigelbe heben.

• Für die Sauce den Rettich putzen und waschen. Den Ingwer schälen. Den Rettich und den Ingwer fein reiben und mit der Gemüsebrühe, der Sojasauce, dem Mirin und dem Zucker verrühren.

• Das Öl in einem Topf stark erhitzen. Einen Teil des Gemüses und der Pilze in Mehl wenden, in den Teig tauchen und im Fett in etwa 1 Minute ausbacken. Das Gemüse mit einem Schaumlöffel aus dem Öl heben und zum Entfetten auf Küchenpapier legen. Nach und nach alles Gemüse ausbacken. Sofort mit der Sauce servieren.

Bei 5 Personen pro Portion etwa: 1500 kJ/360 kcal

Gebratene Auberginen

Aus Indonesien • Gelingt leicht

• Die Auberginen putzen, waschen, der Länge nach vierteln und in etwa 1/2 cm dicke Scheiben schneiden. Mit Salz bestreuen und etwa 20 Minuten ruhen lassen.

• Inzwischen die Zwiebeln schälen und in feine Würfel schneiden. Die Chillies waschen, entstielen und fein hacken.

• Das Öl in einem Topf stark erhitzen. Die Auberginen trockentupfen, hineingeben und in etwa 3 Minuten goldbraun fritieren. Mit einem Schaumlöffel aus dem Öl heben und auf Küchenpapier entfetten.

• Von dem Öl 5 Eßlöffel in eine große Pfanne geben und erhitzen. Das restliche Öl für ein anderes Rezept verwenden. Die Zwiebeln, die Chillies, das Paprikapulver, den Zucker und die Sojasauce hineingeben und gründlich verrühren. Die Auberginen in der Sauce noch einmal kurz erhitzen.

Bei 5 Personen pro Portion etwa: 970 kJ/230 kcal

N
A
T
pur
R

Knackige Salate

Wer die asiatische Küche hauptsächlich vom Chinesen um die Ecke oder dem edlen japanischen Restaurant kennt, ahnt im allgemeinen nicht, wie groß die Auswahl an Salaten in den Ursprungsländern ist. Das eher bescheidene Angebot an roh zubereitetem Gemüse auf den hiesigen asiatischen Speisekarten verschweigt den Reichtum der Region an Gemüse und die Lust ihrer Einwohner an Üppigkeit.

Das Auge ißt mit

Bei der Zubereitung der Salate wird nicht nur darauf geachtet, daß die einzelnen Bestandteile sich geschmacklich gut ergänzen, sondern auch hier ißt das Auge mit. Die vielen verschiedenen Rottöne der Chili- und Paprikaschoten, der Tomaten und Möhren stehen in schönem Kontrast zu dem kräftigen Grün der Gurken, der Frühlingszwiebeln und der Papayas.

Die Salate werden in der Regel nicht in einer Schüssel angerichtet, sondern auf einer großen Platte serviert, auf der die Schönheit des Arrangements viel besser zur Geltung kommen kann.

Kunst zum Essen

In Thailand, wo die jahrhundertealte Tradition des Obst- und Gemüseschnitzens zu unglaublicher Perfektion gebracht wurde, werden aus Papaya Schwäne und aus Möhren komplizierte Blumen gezaubert – Dekorationen, die zum Verzehr eigentlich viel zu schade sind. Zwei Anleitungen für Gemüsedekorationen, die auch für Ungeübte ganz einfach sind, sehen Sie auf Seite 45.

Fein mariniert

Die meisten Salate werden mit einer süßsauren Sauce angemacht, der eine Prise Salz hinzugefügt wurde. Die Säure liefert entweder der milde Reisessig – Su –, der erfrischende Saft von Limetten oder der feine Tamarindensaft.

Salate, deren Gemüse bei der Zubereitung blanchiert wurde, kommen lauwarm auf den Tisch.

Auch zu den Salaten wird Reis gegessen, nicht zuletzt deshalb, weil alle Gerichte einer Mahlzeit gleichzeitig serviert werden.

Nur in Japan gibt es ab und an auch ganz ausdrücklich als Vorspeise eine kleine Schüssel Salat.

Gesund schlemmen

Asiatische Salate eignen sich hervorragend für ein Schlemmerbüffet. Die meisten lassen sich gut vorbereiten, weil kaum empfindliche Blattsalate verwendet werden, die nach kurzer Zeit in sich zusammenfallen. Handfeste Zutaten wie Kohlrabi, Sojabohnensprossen, Möhren, Rettich, Weißkohl und Süßkartoffeln sehen auch dann noch dekorativ aus, wenn sie eine Zeitlang bei Zimmertemperatur gestanden haben. Und sie sind – jedenfalls im Winter – gesünder als das frische Grün aus dem Gewächshaus, das häufig leider ziemlich stark mit Schadstoffen belastet ist.

Eine schöne Auswahl für ein Buffet ist zum Beispiel folgende:

Grüner-Spargel-Salat aus China (Seite 51),
Gemischter Salat mit Erdnußsauce aus Indonesien (Seite 48),
Rettichsalat aus Japan (Seite 55),
Papayasalat aus Thailand (Seite 55),
Salat von drei Gemüsen aus Vietnam (Seite 47).

Bieten Sie dazu Reis und eventuell gegrillte Paprikastreifen und ganze Champignons an. Dekorieren Sie das Büffet stilgerecht und verwenden Sie passendes Geschirr – Ihre Gäste werden begeistert sein!

Gurkenfächer

Eine Salatgurke waschen, trockentupfen, der Länge nach halbieren und ein Stück schräg abschneiden. Das Gurkenstück quer bis kurz vor den Rand in fünf bis neun gleichmäßig dünne Streifen schneiden, die am Ende zusammenhängen. Jede zweite Scheibe nach innen biegen.

Chiliblüte

Die Chilischote waschen und abtrocknen. Den Stielansatz entfernen. Mit einem scharfen Messer die Schote bis zur Spitze mehrmals einschneiden.
Das Kerngehäuse entfernen. Die Chilistreifen an den Rändern eventuell noch etwas spitz zuschneiden, so daß sie wie Blütenblätter aussehen.
Die Schote bis zum Servieren in kaltes Wasser legen.

Tip

Achten Sie beim Arbeiten mit Chillies darauf, daß Sie mit den Händen nicht an die Augen kommen, und waschen Sie die Hände anschließend gründlich!

Salat von drei Gemüsen

Aus Vietnam • Im Bild

• Die Möhren und den Rettich putzen, schälen und in etwa 1/2 cm dicke Scheiben schneiden. Die Scheiben in etwa 1/2 cm dicke Stifte schneiden. Die Stifte in eine Schüssel geben, mit dem Salz vermischen und etwa 45 Minuten zugedeckt ziehen lassen.

• Den Schnittsellerie waschen und in etwa 4 cm lange Stücke schneiden.

• Die Möhren- und Rettichstifte mit kaltem Wasser abspülen und abtropfen lassen.

• Das Öl in einer Pfanne erhitzen. Die Möhren, den Rettich, den Schnittsellerie, den Su, das Chili- und das Sesamöl, den Zucker und den Pfeffer hineingeben und etwa 2 Minuten braten. Den Salat lauwarm servieren.

Bei 6 Personen pro Portion etwa:
530 kJ/130 kcal

Kohlrabisalat

Aus China • Scharf

• In einem großen Topf etwa 2 l Wasser mit 4 Teelöffeln Salz zum Kochen bringen. Den Kohlrabi schälen, dabei holzige Stellen entfernen. Den Kohlrabi in etwa daumenlange, 1/2 cm dicke Stifte schneiden. Die Stifte in dem sprudelnd kochenden Wasser etwa 3 Minuten blanchieren. Dann in ein Sieb schütten, abtropfen und abkühlen lassen.

• Den Knoblauch und den Ingwer schälen und sehr fein hacken. Die Chillies waschen, entstielen und ebenfalls sehr fein hacken. Den Knoblauch, den Ingwer und die Chillies mit dem neutralen Öl, dem Zucker, dem Su, dem restlichen Salz und dem Sesamöl in einer großen Schüssel gründlich verrühren. Den Kohlrabi und die Sesamsamen in die Sauce geben. Alles vorsichtig mischen. Den Salat im Kühlschrank zugedeckt mindestens 1 Stunde ziehen lassen. Etwa 20 Minuten vor dem Servieren aus dem Kühlschrank nehmen.

Bei 6 Personen pro Portion etwa:
590 kJ/140 kcal

Zutaten für je 4–6 Personen

Salat von drei Gemüsen
200 g Möhren
200 g Rettich
2 Teel. Salz
300 g Schnittsellerie
4 Eßl. neutrales Öl
*2 Eßl. Su**
*3 Eßl. Chiliöl**
*1 Eßl. Sesamöl**
2 Teel. Zucker
1/2 Teel. schwarzer Pfeffer, frisch gemahlen

Zubereitungszeit: etwa 25 Minuten (+ 45 Minuten Ruhezeit)

Kohlrabisalat
6 Teel. Salz
1 kg Kohlrabi
3 Knoblauchzehen
3 Stück frischer Ingwer (je etwa daumengroß)*
3 rote Chillies
4 Eßl. neutrales Öl
4 Eßl. Zucker
*10 Eßl. Su**
*1 Eßl. Sesamöl**
*2 Eßl. geröstete Sesamsamen**

Zubereitungszeit: etwa 20 Minuten (+ 1 Stunde Marinierzeit)

Zutaten für 4–6 Personen

Für den Salat:
200 g Weißkohl (geputzt gewogen)
2 mittelgroße Möhren
1 große Süßkartoffel (etwa 400 g)
*200 g Schlangen- oder Schnurbohnen**
2 Teel. Salz
200 g Sojabohnensprossen
1 mittelgroße Salatgurke

Für die Sauce:
150 g geröstete gesalzene Erdnüsse
3 Knoblauchzehen
5 Schalotten
*1 mittelgroßes Stück Kencur**
3 Eßl. neutrales Öl
200 ml Kokosmilch
2 Eßl. Zucker
3 Eßl. Limettensaft
1/2 Teel. Chilipulver

Zum Garnieren:
Minzeblätter

Zubereitungszeit:
etwa 1 Stunde

Gemischter Salat mit Erdnußsauce

Aus Indonesien • Braucht etwas Zeit

• Die Weißkohlblätter waschen und in feine Streifen schneiden. Die Möhren putzen, zusammen mit der Süßkartoffel schälen und beides ebenfalls in feine Streifen schneiden. Die Bohnen putzen, waschen und schräg in etwa 5 cm lange Stücke teilen.

• Die Kartoffelstreifen in einen Topf geben, mit warmem Wasser bedecken, salzen und zum Kochen bringen. In etwa 10 Minuten bißfest garen, dann in ein Sieb abgießen, abtropfen und abkühlen lassen.

• Etwa 1 l Wasser zum Kochen bringen. Die Bohnen in das siedende Wasser geben und etwa 2 Minuten kochen lassen. Den Weißkohl und die Möhren dazugeben und etwa 2 Minuten mitkochen lassen. Die Sojabohnensprossen untermischen. Alles dieses Gemüse in ein Sieb abgießen und abtropfen lassen.

• Die Gurke schälen und der Länge nach halbieren. Mit einem Teelöffel die Kerne herausschaben. Die Gurkenhälften in etwa 1/2 cm breite Halbkreise schneiden.

• Die Erdnüsse im Mörser zerstampfen, herausnehmen und beiseite stellen. Den Knoblauch schälen und grob hacken. Die Schalotten schälen und in grobe Würfel schneiden. Die Knoblauch- und die Schalottenstücke im Mörser mit 1 Teelöffel Salz zu einer Paste zerstampfen. Das Kencur fein hacken.

• Das Öl in der Pfanne erhitzen. Die Knoblauch-Schalotten-Paste in die Pfanne geben und in etwa 2 Minuten goldbraun braten. Die Erdnüsse, die Kokosmilch, den Zucker, den Limettensaft, das Chilipulver und das Kencur hinzufügen. Alles unter Rühren etwa 2 Minuten kochen lassen. Die Pfanne von der Herdplatte nehmen und lauwarm abkühlen lassen.

• Das Gemüse auf einer Platte anrichten, mit der Erdnußsauce begießen und mit Minzeblättern garnieren.

Bei 6 Personen pro Portion etwa:
1300 kJ/310 kcal

Grüner-Spargel-Salat

Aus China • Läßt sich gut vorbereiten

• In einem Topf etwa 2 l Wasser zum Kochen bringen. Den Spargel waschen. Die holzigen Enden abschneiden. Die Stangen eventuell unten etwas schälen, dann in etwa 5 cm lange Stücke schneiden. Im sprudelnd kochenden Wasser etwa 1 Minute blanchieren, in ein Sieb schütten, mit eiskaltem Wasser übergießen und abtropfen lassen.

• Den Knoblauch und den Ingwer schälen, die Chillies waschen und entstielen. Alles sehr fein hacken.

• Den Knoblauch, den Ingwer, die Chillies, den Limettensaft, den Mirin, den Zucker, das Salz, die Sojasauce, das neutrale Öl und das Sesamöl so lange verrühren, bis sich der Zucker aufgelöst hat. Den Spargel in die Sauce geben und sorgfältig darin wenden. Zugedeckt im Kühlschrank mindestens 2 Stunden marinieren. Etwa 20 Minuten vor dem Servieren aus dem Kühlschrank nehmen.

Bei 5 Personen pro Portion etwa: 660 kJ/160 kcal

Gemüse-Obst-Salat

Aus Indonesien • Im Bild

• Die Chilischote waschen, entstielen und fein hacken. Die Stückchen in einer großen Schüssel mit dem Limettensaft, dem Su, dem Zucker, dem Salz und dem Öl gründlich verrühren.

• Die Chinakohlblätter waschen und in feine Streifen schneiden. Die Paprikaschote halbieren, vom Kerngehäuse und den weißen Trennwänden befreien, waschen und in etwa 1/2 cm breite Streifen schneiden. Die Möhre schälen und in sehr feine Streifen schneiden.

• Die Orangen schälen, dabei auch die weiße Haut entfernen. Mit einem scharfen Messer die Filets herauslösen, dabei die Kerne entfernen.

• Die Äpfel schälen und vierteln, dabei das Kerngehäuse entfernen. Die Viertel quer in dünne Scheiben schneiden. Das Gemüse und das Obst in die Salatschüssel geben und gründlich in der Sauce wenden.

Bei 5 Personen pro Portion etwa: 640 kJ/150 kcal

Zutaten für je 4–5 Personen

Grüner-Spargel-Salat
800 g grüner Spargel
5 Knoblauchzehen
3 Stück frischer Ingwer (je etwa daumengroß)*
3 rote Chillies
10 Eßl. Limettensaft
*2 Eßl. Mirin**
2 Eßl. Zucker
1 Teel. Salz
*5 Eßl. helle Sojasauce**
5 Eßl. neutrales Öl
*1 Teel. Sesamöl**

Zubereitungszeit: etwa 25 Minuten (+ 2 Stunden Marinierzeit)

Gemüse-Obst-Salat
1 rote Chillie
4 Eßl. Limettensaft
*2 Eßl. Su**
4 Eßl. Zucker
1/2 Teel. Salz
2 Eßl. neutrales Öl
1 kleiner Chinakohl (geputzt etwa 200 g)
1 mittelgroße grüne Paprikaschote
1 große Möhre
2 Orangen
2 mittelgroße säuerliche Äpfel (zum Beispiel Boskop)

Zubereitungszeit: etwa 25 Minuten

Zutaten für 4–5 Personen

*10 große getrocknete Tongkupilze**
*10 große getrocknete Mu-Err-Pilze**
300 g Austernpilze
300 g Champignons
8 Schalotten
100 g frisches Selleriegrün
50 g Minzeblätter
5 rote thailändische Chillies
4 Eßl. Limettensaft
*3 Eßl. helle Sojasauce**
1/2 Teel. Salz
2 Eßl. Zucker

Zubereitungszeit: etwa 30 Minuten

Salat von gemischten Pilzen

Aus Thailand • Raffiniert

• Die Tongku- und die Mu-Err-Pilze in eine Schüssel geben, mit warmem Wasser bedecken und etwa 20 Minuten einweichen.

• Inzwischen die Austernpilze waschen, putzen und mit den Händen in grobe Stücke zerreißen. Die Champignons, wenn nötig, waschen, putzen und halbieren.

• Die Schalotten schälen und in feine Ringe schneiden. Das Selleriegrün waschen und grob hacken. Die Minze waschen und trockenschwenken. Die Chillies waschen, entstielen und in feine Ringe schneiden.

• Die Tongku- und die Mu-Err-Pilze in ein Sieb abgießen, von den harten Teilen befreien und mundgerecht zerkleinern. Etwa 1 l Wasser aufkochen. Alle Pilze in das siedende Wasser geben, etwa 1 Minute darin blanchieren, dann in ein Sieb schütten und gründlich abtropfen lassen. Die Pilze abkühlen lassen.

• Die Schalotten, das Selleriegrün, die Minzeblätter, die Chillies, den Limettensaft, die Sojasauce, das Salz und den Zucker in einer großen Schüssel verrühren und abschmecken. Die Geschmacksrichtung soll süß-sauer-scharf sein. Die Pilze in die Sauce geben und sorgfältig darin wenden. Den Salat sofort servieren.

Bei 5 Personen pro Portion etwa: 330 kJ/79 kcal

Tip

Die helle Sojasauce wird in Thailand besonders gern verwendet. Sie ist nicht so geschmacksintensiv wie die dunkle; außerdem behalten die Gerichte eher ihre Farbe.

Rettichsalat

Aus Japan • Raffiniert

• Den Meerrettich und den Ingwer schälen und auf einer Reibe fein reiben. Die Dattel in kleine Würfel schneiden.

• Den Rettich putzen, schälen und grob raspeln. Die Raspel in ein Küchentuch geben, gründlich ausdrücken und in eine Schüssel füllen.

• Den Su, den Zucker und Salz dazugeben. Alles gut vermischen. Den Meerrettich, den Ingwer und die Dattelpflaume unterheben. Den Salat noch einmal abschmecken und mit den Minzeblättern garnieren.

Pro Portion etwa: 240 kJ/57 kcal

Papayasalat

Aus Thailand • Im Bild

• Die Papayas schälen und der Länge nach halbieren. Die Kerne mit einem Löffel herausschaben. Die Fruchthälften kurz abspülen, in dünne Scheiben, dann in lange feine Streifen schneiden.

• Den Knoblauch schälen. Die Chillies waschen und entstielen. Die Tomaten waschen, achteln und dabei die Stielansätze entfernen. Den Knoblauch und die Chillies mit 1/2 Teelöffel Salz im Mörser zerstampfen. Die Erdnüsse dazugeben und grob zerstoßen. Den Palmzucker in die Paste einrühren.

• Die Paste in eine große Schüssel geben und mit dem Limettensaft, der Sojasauce und dem restlichen Salz gründlich verrühren. Die Geschmacksrichtung ist süß-sauer-scharf. Die Papayastreifen und die Tomatenachtel in der Sauce wenden und den Salat servieren.

Pro Portion etwa: 570 kJ/140 kcal

Tip

Wenn Sie die Papayastreifen etwas stampfen, wird der Salat noch saftiger.

Zutaten für je 4 Personen

Rettichsalat

1 Stück Meerrettichwurzel (etwa daumenlang, ersatzweise 1 Eßl. Meerrettich aus dem Glas)
1 Stück frischer Ingwer (etwa daumengroß)*
1 Dattel
1 großer Rettich (etwa 500 g)
*4 Eßl. Su**
2 Eßl. Zucker
Salz
Zum Garnieren:
Minzeblätter

Zubereitungszeit:
etwa 20 Minuten

Papayasalat

2 mittelgroße grüne, unreife Papayas (500–600 g)
3 Knoblauchzehen
4 rote thailändische Chillies
3 mittelgroße Tomaten
1 Teel. Salz
50 g geröstete gesalzene Erdnüsse
*2 Eßl. Palmzucker**
4 Eßl. Limettensaft
*3 Eßl. helle Sojasauce**

Zubereitungszeit:
etwa 25 Minuten

Zutaten für je 4 Personen

Sojabohnensprossensalat
500 g Sojabohnensprossen
*1 Stück frischer Ingwer**
(etwa daumengroß)
Salz
2 Eier
2 Eßl. neutrales Öl
*4 Eßl. Su**
*2 Eßl. Mirin**
*3 Eßl. japanische Sojasauce**
*1 Teel. Sesamöl**
2 Eßl. Schnittlauchröllchen

Zubereitungszeit:
etwa 20 Minuten
(+ 10 Minuten
Ruhezeit)

Salat mit gebratenen Eiern
*2 Bund Koriander**
2 mittelgroße Zwiebeln
5 rote thailändische Chillies
3 mittelgroße Tomaten
4 Eßl. Limettensaft
2 Eßl. Zucker
*3 Eßl. helle Sojasauce**
1 Teel. Salz
5 Eßl. neutrales Öl
5 Eier

Zubereitungszeit:
etwa 30 Minuten

Sojabohnensprossensalat

Aus Japan • Erfrischend

• Von den Sojabohnensprossen die Enden abtrennen. Die Sprossen in kaltem Wasser etwa 10 Minuten ruhen lassen. Den Ingwer schälen, in dünne Streifen schneiden und ebenfalls in kaltem Wasser etwa 10 Minuten ruhen lassen.

• In einem Topf reichlich Wasser mit etwas Salz zum Kochen bringen. Die Sojabohnensprossen abtropfen lassen und in dem sprudelnd kochenden Wasser etwa $1^1/_2$ Minuten blanchieren. Abgießen und abkühlen lassen.

• Die Eier mit etwas Salz verquirlen. Das neutrale Öl in einer Pfanne erhitzen. Die Eier darin zu einem Pfannkuchen ausbacken. Den Pfannkuchen in kurze Streifen schneiden.

• Den Su, den Mirin, die Sojasauce, Salz und das Sesamöl in einer Schüssel verrühren. Die Sojabohnensprossen, den Ingwer und die Pfannkuchenstreifen in der Sauce wenden und mit Schnittlauch garnieren.

Pro Portion etwa: 590 kJ/140 kcal

Salat mit gebratenen Eiern

Aus Thailand • Im Bild

• Den Koriander waschen und ohne die Wurzeln grob hacken. Die Zwiebeln schälen, der Länge nach halbieren und in feine Scheiben schneiden. Die Chillies waschen, entstielen und sehr fein hacken. Die Tomaten waschen, der Länge nach halbieren, von den Stielansätzen befreien und in dicke Scheiben schneiden.

• Die Chillies mit dem Limettensaft, dem Zucker, der Sojasauce und dem Salz in einer Schüssel verrühren.

• Das Öl in einer Pfanne erhitzen. Die Eier in dem Öl etwa 2 Minuten braten, wenden und auf der anderen Seite ebenfalls etwa 2 Minuten braten. Die Eier auf Küchenpapier entfetten und in mundgerechte Quadrate schneiden.

• Die Eier, den Koriander, die Zwiebeln und die Tomaten in der Sauce mischen.

Pro Portion etwa: 840 kJ/200 kcal

Gurkensalat mit Tamarindensaft

Aus Thailand • Gelingt leicht

• Die Tamarinde in eine Schüssel geben, mit etwa 1/8 l warmem Wasser bedecken und etwa 20 Minuten einweichen.

• Inzwischen die Glasnudeln in eine Schüssel geben, mit warmem Wasser bedecken und etwa 5 Minuten einweichen. Die Glasnudeln in ein Sieb abgießen und mit einer Küchenschere grob zerteilen. In einem Topf etwa 1 l Wasser zum Kochen bringen. Die Glasnudeln in dem sprudelnd kochenden Wasser etwa 1 Minute blanchieren, dann in ein Sieb abgießen und beiseite stellen.

• Die Salatgurke schälen, der Länge nach halbieren und in nicht ganz dünne Scheiben schneiden. Die Tomaten halbieren und die Stielansätze entfernen. Die Hälften in dünne Scheiben schneiden.

• Das Selleriegrün, den Schnittlauch und den Koriander waschen und jeweils in etwa 3 cm lange Stücke schneiden. Die Zwiebeln schälen, halbieren und in feine Scheiben schneiden. Die Chillies waschen, entstielen und sehr fein hacken. Die Erdnüsse im Mörser grob zerstampfen.

• Die Tamarinde durchkneten, durch ein feines Sieb drücken und den Saft auffangen. Von dem Tamarindensaft 4 Eßlöffel in eine Schüssel geben und mit der Sojasauce, dem Salz, dem Palmzucker, den Erdnüssen und den Chillies gründlich vermischen. Die Geschmacksrichtung ist süß-sauer-salzig.

• Die Gurken- und die Tomatenscheiben, das Selleriegrün, den Schnittlauch, den Koriander, die Zwiebeln und die Glasnudeln in der Salatsauce wenden. Den Salat noch einmal abschmecken.

Bei 5 Personen pro Portion etwa:
650 kJ/150 kcal

Tip

Wenn Sie nicht so scharf essen wollen, entfernen Sie die Kerne aus den Chillies. Danach gründlich die Hände waschen, sonst brennt es höllisch scharf, wenn Sie mit den Fingern an die Augen kommen.

Zutaten für 4–5 Personen

*3 Stück gepreßte Tamarinde**
(je etwa walnußgroß)
*50 g Glasnudeln**
1 mittelgroße Salatgurke
2 mittelgroße Tomaten
50 g Selleriegrün
1 Bund Schnittlauch
*2 Bund Koriander**
2 mittelgroße Zwiebeln
3 rote thailändische Chillies
50 g geröstete gesalzene Erdnüsse
*3 Eßl. helle Sojasauce**
2 Teel. Salz
*2 Eßl. Palmzucker**

Zubereitungszeit:
etwa 40 Minuten

Die **starke** Bohne

Alles mit Tofu

Tofu, auch Sojaquark oder -käse genannt, ist sozusagen das Rückgrat der vegetarischen Küche, weil er das vom menschlichen Körper dringend benötigte Eiweiß liefert, das in Obst und Gemüse nicht enthalten ist.

Eine geniale Erfindung

Erfunden wurde er vor mehr als zweitausend Jahren in China, als die Taoisten auf der Suche nach dem ewigen Leben allerhand mehr oder weniger gesunde Elixiere ausprobierten. Mit der wohl eher zufälligen Erfindung waren sie ihrem Ziel ein Stück näher gekommen. Ewiges Leben verleiht Tofu nicht, aber häufig längeres. Tofu enthält im Gegensatz zu Fleisch kein Cholesterin. Wer dem weißen Sojabohnenkäse beim Essen den Vorzug gibt, ist deshalb vor Herzkrankheiten eher geschützt.

Seinen Namen bekam der ursprünglich Dou Fu genannte Sojabohnenkäse in Japan, wo er zur täglichen Ernährung gehört. Lange Zeit hat Tofu in Asien die Rolle gespielt, die in der westlichen Welt das Fleisch einnimmt, und entsprechend viele Tofugerichte gibt es.

Sortenvielfalt

Tofu wird aus der Milch von Sojabohnen und einem Gerinnungsmittel hergestellt. Die Zubereitung ist nicht ganz einfach, sondern etwa vergleichbar mit der Käseproduktion. Die Sojabohnen müssen erst monatelang getrocknet, dann eingeweicht und ausgepreßt werden. Der so gewonnenen Milch wird Calciumsulfat zugesetzt, durch das der Gerinnungsprozeß ausgelöst wird.
In Japan kennt man sieben verschiedene Tofusorten, in China sollen es einhundertundfünfzig sein. Bei den in diesem Band enthaltenen Rezepten werden nur zwei verwendet: der schnittfeste Tofu und der Seidentofu.

Fest und weich

In Asien werden die schnittfesten Sorten am häufigsten verarbeitet, weil sie auf unendlich vielfältige Weise verwendet werden können. Schnittfester Tofu kann gebraten, gekocht, fritiert und gegrillt werden, er eignet sich für ein eigenständiges Gericht genausogut wie für eine Beilage.

Seidentofu ist weich und glatt und zergeht im Mund wie Joghurt oder Pudding. Von der Konsistenz her ist er am ehesten mit Eierstich zu vergleichen. Seidentofu wird im Sommer in Japan bei großer Hitze auch eisgekühlt gegessen, bestreut mit frisch geriebenem Ingwer und mit Sojasauce beträufelt. Diese Zusammenstellung schmeckt ausgesprochen erfrischend und ist sehr beliebt. Viele Fabrikanten stellen Seidentofu deshalb auch nur in den Sommermonaten her, wenn die Nachfrage am größten ist.

Bei der Behandlung des Tofus zeigt sich der wahre Meisterkoch, denn den völlig geschmacksneutralen Käse zu würzen, ihm Farbe und Duft zu verleihen, verlangt einiges Fingerspitzengefühl.

Achten Sie darauf, daß Sie die beiden Tofusorten nicht miteinander verwechseln. Seidentofu eignet sich nicht zum Braten, Grillen oder Pfannenrühren, er zerfällt dabei zu einem weißen Brei. Dagegen schmeckt er ganz ausgezeichnet als Suppeneinlage – eine weitere Eigenschaft, die er mit dem Eierstich gemein hat.

Wo es Tofu gibt

Kaufen Sie den Tofu so frisch wie möglich im Asien- oder Naturkostladen. Oder in einem der gut sortierten Supermärkte, die inzwischen auch Tofu in ihr Sortiment aufgenommen haben. Auf abgepackten Tofuportionen muß das Haltbarkeitsdatum stehen. Wenn es nicht sichtbar angebracht ist, fragen Sie den Händler danach. Tofu bleibt sieben bis zehn Tage lang frisch. Seidentofu können Sie in Stangenform in Asienläden kaufen. Dort gibt es auch Instant-Seidentofu zum Selberanrühren, der aus einem Päckchen Sojabohnenpulver und einem Lactone-Koagulierungsmittel besteht.

Aufbewahrung von Tofu

- *Tofu soll immer im Kühlschrank aufbewahrt werden. Man kann ihn auch etwa 3 Monate tiefkühlen.*

- *Wollen Sie in den nächsten 24 Stunden Tofu essen, der in Wasser schwimmend verpackt ist, gießen Sie ihn ab und legen ihn in der Packung in den Kühlschrank.*

- *Soll Tofu länger halten, legen Sie ihn in eine große Schüssel, bedecken ihn mit kaltem Wasser und legen einen Deckel auf. Erneuern Sie täglich das Wasser, dann bleibt der Tofu bis zu 10 Tagen frisch.*

- *Vor Gebrauch den Tofu immer sorgfältig abtropfen lassen.*

Zutaten für 4 Personen

*2 Stück gepreßte Tamarinde**
(je etwa walnußgroß)
300 g schnittfester Tofu
5 Knoblauchzehen
7 Schalotten
7 große getrocknete Chillies
150 g Austernpilze
3 mittelgroße Tomaten
1 kleiner Eissalat
2 mittelgroße Möhren
1 Salatgurke
1 Teel. Salz
15 Eßl. neutrales Öl
(etwa 120 ml)
*4 Eßl. helle Sojasauce**
*2 Eßl. Palmzucker**

Zubereitungszeit:
etwa 35 Minuten

Gemüse mit Tofu-Dip

Aus Thailand • Läßt sich gut vorbereiten

• Die Tamarinde in eine Schüssel geben, mit warmem Wasser bedecken und etwa 20 Minuten einweichen.

• Inzwischen den Tofu unter fließendem kaltem Wasser abspülen, in eine Schüssel geben und mit einer Gabel zerdrücken.

• Den Knoblauch und die Schalotten schälen und kleinhacken.

• Die Chillies in eine Schüssel geben, mit warmem Wasser bedecken und etwa 10 Minuten einweichen.

• Inzwischen die Austernpilze waschen, von den harten Stellen befreien und kleinhacken. Die Tomaten ebenfalls waschen, von den Stielansätzen befreien und in grobe Würfel schneiden.

• Den Eissalat putzen, waschen, trockenschütteln und die Blätter grob zerteilen. Die Möhren putzen und zusammen mit der Salatgurke schälen. Die Möhren und die Gurke in etwa ½ cm dicke Scheiben schneiden. Den Eissalat, die Möhren und die Gurke auf einer großen Platte anrichten.

• Die Tamarinde durchkneten und durch ein feines Sieb drücken, dabei den Saft auffangen. Die Chillies abtropfen lassen. Mit ½ Teelöffel Salz in einen Mörser geben und fein zerstampfen.

• In einer Pfanne 10 Eßlöffel Öl stark erhitzen. Den Tofu darin in etwa 5 Minuten goldbraun braten. Mit einem Schaumlöffel aus der Pfanne nehmen. Das restliche Öl in der Pfanne erhitzen und den Knoblauch und die Schalotten darin goldgelb braten.

• Die Chillies und den Tofu mit in die Pfanne geben. Alles sorgfältig verrühren und etwa 1 Minute braten. Die Austernpilze, die Tomaten, 4 Eßlöffel Tamarindensaft, die Sojasauce, das restliche Salz und den Palmzucker zum Tofu geben und etwa 5 Minuten garen lassen, bis alle Flüssigkeit verdampft ist. Den Tofu mit Tamarindensaft, Palmzucker und Salz noch einmal abschmecken. Zu dem Gemüse mit Tofu-Dip schmeckt thailändischer Duftreis.

Pro Portion etwa: 1900 kJ/450 kcal

Gebratener Tofu mit Gemüse

Aus Thailand • Gelingt leicht

• Den Tofu unter fließendem kaltem Wasser abspülen, abtropfen lassen und in etwa 4 cm lange, $1^1/_2$ cm breite und 1 cm dicke Stücke schneiden.

• Den Broccoli waschen, putzen und in kleine Röschen teilen. Den Stiel schälen und in mundgerechte Scheiben schneiden.

• Vom Chinakohl die äußeren Blätter entfernen, schichtweise die einzelnen Blätter abtrennen, waschen und in grobe Stücke teilen. Die Möhre putzen, schälen und in dünne Scheiben schneiden. Die Zwiebeln schälen, halbieren und in etwa $^1/_2$ cm dicke Scheiben schneiden. Die Sojabohnensprossen waschen und abtropfen lassen. Den Knoblauch schälen und fein hacken.

• In einer großen Pfanne 10 Eßlöffel Öl stark erhitzen. Den Tofu hineingeben und in etwa 5 Minuten auf allen Seiten goldbraun braten. Die Tofustücke mit einem Schaumlöffel aus der Pfanne nehmen.

• Das restliche Öl in die Pfanne geben und erhitzen. Den Knoblauch darin goldgelb braten. Den Broccoli, die Möhre und die Zwiebeln hinzufügen. Alles bei starker Hitze unter ständigem Wenden etwa 1 Minute scharf anbraten.

• Den Chinakohl, die Sojabohnensprossen, die beiden Sojasaucen, das Salz und den Zucker dazugeben und noch etwa 1 Minute mitbraten. Das Maismehl mit 4 Eßlöffeln Wasser glattrühren, zu dem Gemüse geben und kurz aufkochen lassen. Den Tofu dazugeben. Das Gericht noch einmal mit Sojasauce, Salz und Zucker abschmecken. Ein Schälchen mit Chilipulver dazustellen.

Bei 5 Personen pro Portion etwa:
1200 kJ/290 kcal

Variante:
Selbstverständlich können Sie auch andere Gemüsesorten verwenden – je nachdem, was die Saison bietet.

Zutaten für 4–5 Personen

300 g schnittfester Tofu
100 g Broccoli
100 g Chinakohl
1 große Möhre
2 mittelgroße Zwiebeln
150 g Sojabohnensprossen
4 Knoblauchzehen
12 Eßl. neutrales Öl
*3 Eßl. helle Sojasauce**
*1 Eßl. dunkle Sojasauce**
1 Teel. Salz
2 Eßl. Zucker
2 Eßl. Maismehl

Zubereitungszeit:
etwa 30 Minuten

Zutaten für je 4–5 Personen

Knuspriger Tofu
400 g schnittfester Tofu
2 Teel. Salz
4 Knoblauchzehen
1/2 Bund Schnittlauch
*1 Eßl. Sesamöl**
3 Eßl. Zucker
*2 Eßl. Su**
*8 Eßl. helle Sojasauce**
1/2 l neutrales Öl
Zum Mehlieren:
Mehl

Zubereitungszeit:
etwa 40 Minuten

Gebratener Tofu mit Weißkohl
1 l neutrales Öl
200 g schnittfester Tofu
400 g Weißkohl
150 g Sojabohnensprossen
3 Knoblauchzehen
*2 Eßl. Bohnensauce**
2 Eßl. Zucker
*2 Eßl. helle Sojasauce**
*2 Eßl. Mirin**
*1 Eßl. Sesamöl**

Zubereitungszeit:
etwa 40 Minuten

Knuspriger Tofu

Aus Japan • Mild

• Den Tofu unter fließendem kaltem Wasser abspülen und in etwa 7 cm lange, 4 cm breite und 1 cm dicke Streifen schneiden. Die Streifen in eine Schüssel legen, mit dem Salz bestreuen und mit Wasser bedecken. Den Tofu etwa 30 Minuten bei Zimmertemperatur zugedeckt ruhen lassen.

• Inzwischen für die Sauce den Knoblauch schälen und kleinhacken. Den Schnittlauch waschen und in feine Röllchen schneiden. In einer Schüssel das Sesamöl mit dem Zucker, dem Su und der Sojasauce verrühren, bis sich der Zucker aufgelöst hat. Die Schnittlauchröllchen hinzufügen.

• Das Öl in einer tiefen Pfanne oder im Wok erhitzen. Mehl in einen Teller schütten. Die Tofustreifen abtropfen lassen, im Mehl wenden und in das sehr heiße Öl geben. Die Streifen in etwa 3 Minuten goldbraun braten. Mit dem Schaumlöffel aus dem Öl herausnehmen und auf Küchenpapier entfetten. Den Tofu mit der Sauce servieren.

Bei 5 Personen pro Portion etwa:
870 kJ/210 kcal

Gebratener Tofu mit Weißkohl

Aus China • Im Bild

• Das Öl in einem Topf stark erhitzen. Inzwischen den Tofu unter fließendem kaltem Wasser abspülen, trockentupfen und in etwa 5 cm lange, 2 cm breite und 1/2 cm dicke Streifen schneiden. Die Streifen im heißen Öl in etwa 3 Minuten fritieren, mit einem Schaumlöffel herausnehmen und auf Küchenpapier entfetten.

• Vom Kohl die äußeren Blätter entfernen. Den Kohl vierteln, vom Strunk befreien und in mundgerechte Stücke schneiden. Die Sojabohnensprossen waschen und abtropfen lassen. Den Knoblauch schälen und fein hacken.

• Von dem Öl 8 Eßlöffel in einer Pfanne erhitzen. Den Knoblauch darin goldgelb braten. Den Kohl, die Bohnensauce, den Zucker, die Sojasauce, den Mirin und das Sesamöl etwa 2 Minuten bei starker Hitze mitbraten. Die Sojabohnensprossen und den Tofu etwa 1 Minute miterhitzen.

Bei 5 Personen pro Portion etwa:
1200 kJ/290 kcal

Tofu-Panäng

Aus Thailand • Scharf

• Den Tofu unter fließendem kaltem Wasser abspülen, abtropfen lassen, in etwa 4 cm lange, 2 cm breite und 1/2 cm dicke Stücke schneiden. Die Champignons putzen, waschen und halbieren. Die Zitronenblätter waschen, trockenschütteln und haarfein zerschneiden. Die Peperoni waschen, entstielen und in feine Stifte schneiden. Von dem dicken Teil der Kokosmilch 3 Eßlöffel abnehmen und beiseite stellen.

• Das Öl in einer Pfanne stark erhitzen. Den Tofu darin goldbraun braten, anschließend aus der Pfanne nehmen. Die Currypaste in die Pfanne geben und etwa 1 Minute anbraten. Die restliche Kokosmilch angießen.

• Sojasauce, Palmzucker, Salz und Zitronenblätter hinzufügen und unter ständigem Rühren etwa 2 Minuten köcheln lassen. Tofu, Pilze und Peperonistifte dazugeben und noch etwa 1 Minute mitkochen lassen. Mit Sojasauce und Zucker abschmecken, mit der restlichen Kokosmilch garnieren.

Bei 5 Personen pro Portion etwa: 1200 kJ/290 kcal

Tofu mit Cashewnüssen

Aus China • Im Bild

• Das Öl in einem Topf stark erhitzen. Den Tofu unter fließendem kaltem Wasser abspülen, trockentupfen und in etwa 3 cm lange, 1 cm breite und 1/2 cm dicke Stücke schneiden. Die Stücke in dem Öl in etwa 3 Minuten goldbraun fritieren, anschließend auf Küchenpapier entfetten.

• Den Knoblauch schälen und fein hacken. Die Chillies waschen, entstielen und sehr fein hacken. Die Bohnensauce mit dem Zucker und den Chillies vermischen. Die Bohnen dabei zerdrücken.

• Von dem Öl 8 Eßlöffel in einer Pfanne erhitzen, den Rest für ein anderes Rezept verwenden. Den Knoblauch darin goldgelb braten. Die Bohnen- und die Sojasauce, den Mirin, das Ketchup und etwas Wasser einrühren. Den Tofu und die Cashewnüsse hinzufügen. Alles in etwa 4 Minuten einkochen lassen. Das Sesamöl darüber träufeln.

Bei 5 Personen pro Portion etwa: 2500 kJ/600 kcal

Zutaten für je 4–5 Personen

Tofu-Panäng

400 g schnittfester Tofu
200 g Champignons
*5 Zitronenblätter**
1 rote Peperoni
400 ml Kokosmilch
10 Eßl. neutrales Öl
*2 Eßl. Panäng Currypaste**
*4 Eßl. helle Sojasauce**
*2 Eßl. Palmzucker**
1/2 Teel. Salz

Zubereitungszeit: etwa 20 Minuten

Tofu mit Cashewnüssen

1 l neutrales Öl
400 g schnittfester Tofu
250 g geröstete Cashewnüsse
3 Knoblauchzehen
3 rote Chillies
*4 Eßl. Bohnensauce**
3 Eßl. Zucker
*2 Eßl. helle Sojasauce**
*2 Eßl. Mirin**
2 Eßl. Tomatenketchup
*1 Eßl. Sesamöl**

Zubereitungszeit: etwa 30 Minuten

Zutaten für 4–5 Personen

500 g schnittfester Tofu
1 Dose Bambussprossen
(540 g Abtropfgewicht)
100 g grüne thailändische
*Basilikumblätter**
(Bai Horapha)
*5 Zitronenblätter**
1 rote Peperoni
400 ml Kokosmilch
2 Eßl. scharfe grüne
*Currypaste**
*5 Eßl. helle Sojasauce**
1/2 Teel. Salz
*2 Eßl. Palmzucker**

Zubereitungszeit:
etwa 20 Minuten

Grüner-Curry-Tofu

Aus Thailand • Scharf

• Den Tofu unter fließendem kaltem Wasser abspülen, abtropfen lassen und in etwa 4 cm lange, 1 1/2 cm breite und 1 cm hohe Stücke schneiden7. Die Bambussprossen abspülen, der Länge nach halbieren und in feine Scheiben schneiden.

• Die Basilikum- und die Zitronenblätter waschen und trockenschütteln. Die Zitronenblätter der Länge nach aufrollen und in haarfeine Streifen schneiden. Die Peperoni waschen, entstielen, der Länge nach halbieren und ebenfalls in feine Streifen schneiden.

• Von dem dicken Teil der Kokosmilch 3 Eßlöffel abnehmen und in einem Topf zum Kochen bringen. Die Currypaste einrühren und etwa 3 Minuten bei schwacher Hitze unter ständigem Rühren kochen lassen. Die Tofustücke und die Zitronenblätterstreifen in die Currymilch geben und noch 1 Minute mitköcheln lassen.

• Die restliche Kokosmilch, 1/4 l Wasser, die Bambusscheiben, die Sojasauce, das Salz und den Palmzucker dazugeben. Alles etwa 3 Minuten bei schwacher Hitze garen. Die Basilikumblätter und die Peperoni unterheben. Den Curry-Tofu noch einmal mit Salz und Palmzucker abschmecken.

Bei 5 Personen pro Portion etwa:
761 kJ/182 kcal

Tip

Grüner-Curry-Tofu ist ein besonders scharfes Gericht. Deshalb probieren Sie am besten aus, welche Schärfe Ihnen zusagt, und dosieren die Paste zu Anfang vorsichtig, dann nach Geschmack.

Gedämpfter Kokostofu

Aus Indonesien • Im Bild

• Den Tofu unter fließendem kaltem Wasser abspülen, in Stücke schneiden und mit einer Gabel zerdrücken. Die Schalotten und den Knoblauch schälen, zusammen mit den Salamblättern fein hacken und zum Tofu geben.

• Den Schnittlauch und den Koriander waschen und kleinschneiden. Etwas Koriander zum Garnieren beiseite stellen. Die Chillies waschen, entstielen und sehr fein hacken.

• Den Schnittlauch, den übrigen Koriander, die Chillies, den Zucker, den Limettensaft, die Kokosmilch, die Eier und das Salz mit dem Tofu vermischen. Die Mischung in eine feuerfeste Schüssel geben und im Dämpftopf 40–50 Minuten garen.

• Die Kokosraspel in einer trockenen Pfanne goldbraun rösten. Den Kokostofu auf eine Platte stürzen und mit Kokosraspeln und Koriander bestreuen.

Bei 5 Personen pro Portion etwa:
480 kJ/110 kcal

Tofu mit Sojabohnensprossen

Aus Vietnam • Preiswert

• Den Tofu unter fließendem kaltem Wasser abspülen, abtropfen lassen und in etwa 5 cm lange bleistiftdicke Stifte schneiden. Die Möhre schälen und fein stifteln. Die Sojabohnensprossen kalt abspülen und abtropfen lassen. Die Frühlingszwiebeln putzen, waschen und in etwa 5 cm lange Stücke schneiden.

• Das Öl in einem großen Topf stark erhitzen. Den Tofu darin in etwa 5 Minuten knusprig braun fritieren, anschließend auf Küchenpapier entfetten.

• Von dem Öl 5 Eßlöffel in einer Pfanne stark erhitzen, den Rest für ein anderes Rezept verwenden. Die Möhre darin etwa 1 Minute scharf anbraten. Den Tofu, die Sojabohnensprossen, die Frühlingszwiebeln, die Sojasauce, den Zucker, das Salz und das Sesamöl unter ständigem Wenden etwa 1 Minute mitbraten. Noch einmal abschmecken.

Bei 5 Personen pro Portion etwa:
1300 kJ/310 kcal

Zutaten für je 4–5 Personen

Gedämpfter Kokostofu
300 g schnittfester Tofu
5 Schalotten
3 Knoblauchzehen
*2 kleine Salamblätter**
1/2 Bund Schnittlauch
*1 Bund Koriander**
3 rote Chillies
3 Teel. brauner Zucker
2 Eßl. Limettensaft
200 ml Kokosmilch
2 Eier
1 1/2 Teel. Salz
5 Eßl. Kokosraspel

Zubereitungszeit:
etwa 1 1/4 Stunden

Tofu mit Sojabohnensprossen
400 g schnittfester Tofu
1 mittelgroße Möhre
250 g Sojabohnensprossen
2 Frühlingszwiebeln
1 l neutrales Öl
*4 Eßl. helle Sojasauce**
1 Eßl. Zucker
1 Teel. Salz
*2 Eßl. Sesamöl**

Zubereitungszeit:
etwa 35 Minuten

Zutaten für je 4–5 Personen

Tofu in Currysauce
300 g schnittfester Tofu
1 große grüne Paprikaschote
2 rote Chillies
2 mittelgroße Zwiebeln
2 Teel. Speisestärke
10 Eßl. neutrales Öl
2 Eßl. Currypulver, mittelscharf
400 ml Kokosmilch
2 Eßl. Zucker
1 Teel. Salz
*2 Eßl. Chiliöl**
50 g Basilikumblätter (Bai Horapha)*

Zubereitungszeit: etwa 30 Minuten

Würzig gebratener Tofu
400 g schnittfester Tofu
2 kleine Zwiebeln
2 Stück frischer Ingwer (je etwa daumengroß)*
4 Knoblauchzehen
2 rote Chillies
1 Teel. gemahlener Koriander
*1 Messerspitze Laos**
3 Teel. brauner Zucker
*1 Salamblatt**
1 Teel. Salz
2 Eßl. Limettensaft
8 Eßl. neutrales Öl

Zubereitungszeit: etwa 1¼ Stunden

Tofu in Currysauce

Aus China • Im Bild

• Den Tofu unter fließendem kaltem Wasser abspülen, abtropfen lassen und in etwa 5 cm lange, 2 cm breite und ½ cm dicke Stücke schneiden.

• Die Paprikaschote halbieren, putzen, waschen und in etwa 1 cm breite Streifen schneiden. Die Chillies waschen, entstielen und schräg in Ringe schneiden. Die Zwiebeln schälen, halbieren und in dicke Scheiben schneiden. Die Speisestärke mit 2 Eßlöffeln Wasser glattrühren.

• Das Öl in einer Pfanne erhitzen. Den Tofu darin etwa 3 Minuten bei starker Hitze braten. Das Currypulver kurz unter Rühren mitbraten. Die Kokosmilch, den Zucker, das Salz, die Paprikaschote, die Chillies und die Zwiebeln dazugeben und unter Wenden etwa 5 Minuten köcheln lassen. Das Chiliöl und die Stärke einrühren. Die Basilikumblätter waschen und unter den Tofu mischen.

Bei 5 Personen pro Portion etwa: 1100 kJ/260 kcal

Würzig gebratener Tofu

Aus Indonesien • Raffiniert

• Den Tofu unter fließendem kaltem Wasser abspülen, abtropfen lassen und in etwa fingerlange, 3 cm breite und 1 cm dicke Stücke schneiden. Die Zwiebeln schälen, halbieren und in Scheiben schneiden. Den Ingwer und den Knoblauch schälen und fein hacken. Die Chillies waschen, entstielen und kleinhacken.

• In einem Topf alle Zutaten außer dem Öl mit etwa ½ l Wasser aufkochen lassen. So lange offen kochen lassen, bis alle Flüssigkeit verdampft ist. Das dauert etwa 40 Minuten. Die Tofustücke aus dem Topf nehmen und abkühlen lassen.

• Das Öl in einer Pfanne erhitzen und darin den Tofu in etwa 3 Minuten goldbraun braten.

Bei 5 Personen pro Portion etwa: 910 kJ/220 kcal

Tip
Servieren Sie zu dem Tofu verschiedene Gemüsegerichte und Salate.

UNSCHLAGBAR!

Reis- und Nudelgerichte

Die Ehrfurcht vor dem Korn

Im Mittelpunkt jeder Mahlzeit steht in Asien der Reis, ohne ihn wäre ein Essen nicht vollständig. Reis ist das wichtigste Grundnahrungsmittel – vergleichbar dem Brot und den Kartoffeln der westlichen Welt. Mit Reis beginnt der Tag beim Frühstück, mit Reis endet er bei der Nachtmahlzeit, und auch mittags darf er nicht fehlen.

Es gibt in Asien etliche verschiedene Reissorten. Da er bei der Ernährung eine so große Rolle spielt, sind die Ansprüche, die an seine Qualität gestellt werden, zum Teil sehr hoch. So gibt es in Japan spezielle Reisgeschäfte, die viele verschiedene Reissorten aus unterschiedlichen Anbaugebieten führen.

Der Reisanbau bestimmt den Lebenszyklus vieler Menschen, die in den ländlichen Regionen auf den Feldern arbeiten. Je nach Region muß ein-, zwei- oder – wie auf Bali – dreimal im Jahr jede Reispflanze mühsam von Hand in den schlammigen Boden gesteckt und später wieder von Hand geerntet werden. Kein Wunder, daß die Asiaten den Reis hochachten und kein Körnchen verschwenden. Reis ist ein Symbol für Fruchtbarkeit – was auch in der westlichen Welt mit den Reisregen bei Hochzeiten zum Ausdruck kommt –, für Nahrung und somit für Leben. Reis besitzt eine nahezu mystische Aura.

Oft Mittelpunkt, nie Randerscheinung

Die weißen Körner werden auf unendlich viele verschiedene Arten zubereitet, sie werden in Wasser oder Kokosmilch gekocht, sie werden gebraten und geröstet.

Nasi goreng, gebratener Reis mit Gemüse, Gewürzen und Spiegelei, ist in Indonesien zum Nationalgericht erklärt worden. Aber nicht nur dort, auch bei uns ist es eine beliebte Mahlzeit.

Reis gibt es als Beilage zu allen möglichen Gerichten, aber oft ist er selbst das Hauptgericht zu dem verschiedene Gemüsesorten gereicht werden – in ärmeren Gegenden unter Umständen aber auch nur Fischsauce. Reis in seiner üppigsten Form kommt wohl im Rahmen der berühmten Reistafel auf den Tisch, bei der die überwältigende Vielfalt der indonesischen Küche zur Geltung kommt. Große Runden sitzen dabei an langen Tischen, auf denen riesige Schüsseln mit Reis stehen. Zu dem Reis gibt es dreißig bis vierzig verschiedene Beilagen, von denen jeder Gast ein paar Happen probiert.

Reis für Ihre Küche

Guten Langkornreis bekommen Sie in jedem Supermarkt, am günstigsten aber in Asienläden. Fragen Sie zum Beispiel nach thailändischem Duftreis. Er schmeckt ganz besonders gut. Beim Kochen verströmt er seinen appetitanregenden Duft. Dieser Reis wird übrigens immer ohne Salz gegart. Damit Ihnen der Reis ohne Schwierigkeiten gelingt, steht das Grundrezept für Duftreis hier auf dieser Seite.

Sehr verbreitet ist in Asien auch der Klebreis, den man mit den Fingern der rechten, der reinen, Hand zu kleinen Kügelchen formt. Die Kügelchen taucht man in verschiedene Saucen, bevor sie in den Mund gesteckt werden. Auch diesen Reis sollten Sie einmal probieren. Achten Sie bei der Zubereitung darauf, daß Sie ihn über Nacht in Wasser einweichen, bevor Sie ihn dämpfen.

Aus Reis wird auch ein Mehl gemahlen, mit dem vor allem Süßspeisen zubereitet werden.

Nudeln für jeden Anlaß

Zweites Hauptnahrungsmittel sind die Nudeln. Es gibt unzählige Sorten, die sich in ihrer Zusammensetzung und Form voneinander stark unterscheiden. Für eine Suppe werden andere Nudeln als für eine Sauce verwendet, zum Kochen und zum Braten gibt es spezielle Sorten, zum Fritieren bestimmte, und daß Nudeln, die kalt gegessen werden, ganz besondere Eigenschaften haben müssen, leuchtet jedem ein.

Grundrezept Duftreis

Für 4 Portionen spülen Sie 250 g Duftreis unter fließendem Wasser gründlich ab, geben ihn in einen großen Topf und bedecken ihn etwa 2 cm hoch mit Wasser. Schließen Sie den Topf und lassen Sie den Reis aufkochen. Dann nehmen Sie den Deckel ab und reduzieren die Hitze. Wenn der Reis nur noch leicht köchelt, legen Sie den Deckel wieder auf und garen den Reis etwa 20 Minuten, bis alles Wasser von den Körnern aufgenommen worden ist.

Tip

Lassen Sie für Gerichte mit gebratenem Reis den Reis ohne Deckel vollständig auskühlen, am besten über Nacht.

Zutaten für 4–6 Personen

250 g dünne Reisnudeln
(zum Beispiel Vermicelli)
500 g schnittfester Tofu
1 l neutrales Öl
3 Eier
1 1/2 Teel. Salz
150 g Sojabohnensprossen
150 g junges Knoblauchgrün
2 rote Peperoni
8 Schalotten
400 ml Kokosmilch
*4 Eßl. Bohnensauce**
4 Eßl. Zucker
5 Eßl. Limettensaft
2 Teel. Chilipulver

Zubereitungszeit:
etwa 40 Minuten

Reisnudeln mit Kokossauce

Aus Vietnam • Raffiniert

• Die Reisnudeln in eine Schüssel geben, mit heißem Wasser bedecken und etwa 20 Minuten einweichen.

• Inzwischen den Tofu unter fließendem kaltem Wasser abspülen und abtropfen lassen. Etwa 200 g in etwa 3 cm lange, 1 cm breite und 1/2 cm dicke Stücke schneiden. Den restlichen Tofu mit einer Gabel zerdrücken.

• Das Öl in einem Topf stark erhitzen. Die Tofustücke darin in etwa 5 Minuten goldbraun braten. Mit einem Schaumlöffel aus dem Öl heben und auf Küchenpapier entfetten.

• Von dem Öl 5 Eßlöffel in einer Pfanne leicht erhitzen, den Rest für ein anderes Rezept verwenden. Die Eier mit 1/2 Teelöffel Salz verquirlen, in die Pfanne gießen, stocken lassen und wenden. Den Pfannkuchen noch etwa 1 Minute braten, dann herausnehmen und auf Küchenpapier abkühlen lassen. Anschließend in dünne Streifchen schneiden.

• Die Sojabohnensprossen und das Knoblauchgrün waschen. Das Grün in etwa 4 cm lange Stücke schneiden. Die Peperoni waschen, entstielen, längs halbieren und in Stifte schneiden. Die Schalotten schälen und würfeln.

• Die Kokosmilch in einem Topf erhitzen, die Schalotten dazugeben und etwa 3 Minuten köcheln lassen. Den zerdrückten Tofu, das restliche Salz, die Bohnensauce, den Zucker, den Limettensaft und das Chilipulver einrühren. Alles etwa 1 Minute bei schwacher Hitze kochen lassen. Die Hälfte der Sauce in eine Schüssel umfüllen.

• Die Reisnudeln in ein Sieb schütten und abtropfen lassen. Die Nudeln zu der restlichen Sauce in den Topf geben und etwa 1 Minute stark erhitzen. Die Sojabohnensprossen, das Knoblauchgrün und den gebratenen Tofu unterheben und kurz miterhitzen.

• Den Topfinhalt auf einer Platte anrichten und mit den Ei- und den Peperonistreifen garnieren. Die Kokossauce getrennt dazu servieren.

Bei 6 Personen pro Portion etwa:
1832 kJ/438 kcal

Reisnudeln mit Peperoni

Aus Thailand • Im Bild

• In einem Topf reichlich Wasser zum Kochen bringen. Die Nudeln darin in etwa 4 Minuten garen, dann abgießen, mit kaltem Wasser kurz abspülen und abtropfen lassen.

• Die Austernpilze putzen, waschen und grob hacken. Den Knoblauch schälen und fein hacken. Die Peperoni waschen, entstielen und hacken. Das Basilikum waschen und die Blätter abzupfen.

• Das Öl in einer Pfanne stark erhitzen. Die Peperoni und den Knoblauch darin etwa 1 Minute scharf anbraten. Die Nudeln, die Pilze, die Sojasaucen und den Zucker hinzufügen. Alles gründlich verrühren. Zum Schluß die Basilikumblätter untermischen. Die Nudeln noch einmal mit Salz und Zucker abschmecken.

Bei 5 Personen pro Portion etwa: 1000 kJ/240 kcal

Gebratener Reis mit Erdnüssen

Aus Vietnam • Preiswert

• Den Knoblauch schälen und fein hacken. Die Peperoni waschen, entstielen und ebenfalls fein hacken. Die Frühlingszwiebeln putzen, waschen und mit dem zarten Grün in Ringe schneiden.

• Das Öl in einer Pfanne erhitzen. Den Knoblauch darin goldgelb braten. Die Peperoni und die Erdnüsse dazugeben und kurz mitbraten. Die Frühlingszwiebeln, den Reis, die Sojasauce, das Salz, den Zucker und den Limettensaft dazugeben und etwa 1 Minute braten, bis der Reis heiß ist.

Bei 5 Personen pro Portion etwa: 1600 kJ/380 kcal

Tip

Reichen Sie zu diesem Reisgericht verschiedene Gemüse (zum Beispiel Blumenkohl mit Chillies, siehe Seite 36, oder Austernpilze mit Basilikum, siehe Seite 33).

Zutaten für je 4–5 Personen

Reisnudeln mit Peperoni

200 g Reisnudeln von 1–2 cm Breite
200 g Austernpilze
5 Knoblauchzehen
2 rote Peperoni
100 g rotes thailändisches Basilikum (Bai Grapau)*
5 Eßl. neutrales Öl
*3 Eßl. helle Sojasauce**
*1 Eßl. dunkle Sojasauce**
2 Eßl. Zucker
Salz

Zubereitungszeit: etwa 25 Minuten

Gebratener Reis mit Erdnüssen

4 Knoblauchzehen
2 rote Peperoni
2 Frühlingszwiebeln
5 Eßl. neutrales Öl
100 g geröstete gesalzene Erdnüsse
750 g gekochter Reis (aus 250 g rohem Reis)
*4 Eßl. helle Sojasauce**
1/2 Teel. Salz
2 Eßl. Zucker
3 Eßl. Limettensaft

Zubereitungszeit: etwa 20 Minuten

Zutaten für 4–5 Personen

*5 Tongkupilze**
250 g Eiernudeln (zum Beispiel Bamie)
200 g Blattspinat
50 g Sojabohnensprossen
1 große Möhre
3 Knoblauchzehen
8 Eßl. neutrales Öl
2 Eßl. Zucker
*2 Eßl. helle Sojasauce**
1 Teel. Salz
schwarzer Pfeffer, frisch gemahlen

Zubereitungszeit: 35 Minuten

Gebratene Nudeln mit Spinat

Aus China • Berühmtes Rezept

• Die Tongkupilze in eine Schüssel geben, mit warmem Wasser bedecken und etwa 20 Minuten einweichen.

• Inzwischen in einem Topf reichlich Wasser zum Kochen bringen. Die Nudeln darin in etwa 3 Minuten garen, dann in ein Sieb abgießen, mit kaltem Wasser kurz abspülen und abtropfen lassen.

• Den Blattspinat verlesen und mehrmals in stehendem kaltem Wasser waschen. Die Sojabohnensprossen waschen. Beides abtropfen lassen. Die Möhre putzen, schälen und erst in Scheiben, dann in Stifte schneiden. Den Knoblauch schälen und fein hacken.

• Die Pilze in einem Sieb abtropfen lassen und anschließend in feine Streifen schneiden.

• Das Öl in einer Pfanne oder im Wok erhitzen und den Knoblauch darin unter Rühren goldgelb braten. Die Nudeln, die Möhre und die Pilze hineingeben und etwa 1 Minute braten. Den Spinat, die Sojabohnensprossen, den Zucker, die Sojasauce und das Salz hinzufügen. Alles bei starker Hitze noch etwa 1 Minute braten, dabei ständig rühren. Die Nudeln mit Pfeffer würzen und servieren.

Bei 5 Personen pro Portion etwa: 1400 kJ/330 kcal

Tip

Stellen Sie noch Schälchen mit Chilipulver und Zucker auf den Tisch, damit jeder seine Portion nach Belieben nachwürzen kann.

Nasi goreng

Aus Indonesien • Im Bild

• Das Öl in einem Topf erhitzen. Inzwischen die Zwiebeln schälen, halbieren und in dünne Scheiben schneiden. Die Scheiben in dem Öl knusprig goldbraun braten, mit einem Schaumlöffel aus dem Topf heben und auf Küchenpapier entfetten.

• Die Schalotten schälen und fein hacken. Die Chillies schälen, entstielen und fein hacken. In einer großen Pfanne oder im Wok 5 Eßlöffel von dem Öl erhitzen. Die Schalotten und die Chillies darin etwa 1 Minute anbraten. Den Reis, das Tomatenketchup, die Sojasauce, das Salz, das Paprikapulver und den Zucker dazugeben und unter ständigem Wenden erhitzen.

• 3 weitere Eßlöffel Öl in einer Pfanne erhitzen, den Rest für ein anderes Rezept verwenden. Die Eier hineinschlagen und zu Spiegeleiern braten. Den Reis auf vier Teller verteilen, jeweils 1 Spiegelei darauf setzen und die Zwiebeln darüber streuen. Mit den Korianderblättchen garnieren.

Pro Portion etwa: 2000 kJ/480 kcal

Kalte weiße Nudeln

Aus Japan • Erfrischend

• Im Gefrierfach Eiswürfel herstellen. In einem Topf reichlich Wasser zum Kochen bringen. Die Somen im kochenden Wasser nach Packungsanweisung garen, in ein Sieb abgießen, kalt abspülen und abtropfen lassen.

• Für die Sauce den Ingwer schälen, in eine Schüssel reiben und mit der Sojasauce vermischen. Die Gemüsebrühe, den Zucker und den Mirin dazugeben und sorgfältig verrühren.

• Das Eis in ein Tuch legen und mit einem schweren Gegenstand zerschlagen. Die Nudeln, wenn möglich, in einem Lackgeschirr anrichten. Das Eis darüber verteilen. Die Nudeln mit Limettenscheiben, Cocktailkirschen und gewaschenen Minzeblättern garnieren. Mit der Sauce servieren.

Pro Portion etwa: 1700 kJ/400 kcal

Tip

Zu den kalten Nudeln paßt besonders gut Gemüsetempura (siehe Seite 40).

Zutaten für je 4 Personen

Nasi goreng

1/4 l neutrales Öl
2 große Zwiebeln
5 Schalotten
3 rote Chillies
750 g gekochter Reis
(aus 250 g rohem Reis)
1 Eßl. Tomatenketchup
*2 Eßl. süße Sojasauce**
1/2 Teel. Salz
1 Teel. Paprikapulver, edelsüß
1 Teel. Zucker
4 Eier
Zum Garnieren:
*Korianderblättchen**

Zubereitungszeit:
etwa 20 Minuten

Kalte weiße Nudeln

400 g Somen (weiße japanische Nudeln)
*2 Stück frischer Ingwer**
(je etwa daumengroß)
*1/8 l japanische Sojasauce**
1/8 l Gemüsebrühe
(siehe Seite 9)
2 Eßl. Zucker
*4 Eßl. Mirin**
Zum Garnieren:
einige Limettenscheiben
einige Cocktailkirschen
Minzeblätter

Zubereitungszeit:
etwa 25 Minuten

Zutaten für je 4–5 Personen

Gebratener Reis mit Gemüse
3 Knoblauchzehen
5 Schalotten
150 g Sojabohnensprossen
2 mittelgroße Möhren
150 g Zuckerschoten
3 Eier · 1 1/2 Teel. Salz
8 Eßl. neutrales Öl
750 g gekochter Reis
(aus 250 g rohem Reis)
2 Eßl. Tomatenketchup
1 Eßl. Zucker
2 Teel. Sambal Oelek
(siehe Seite 27)
*2 Eßl. süße Sojasauce**

Zubereitungszeit:
etwa 30 Minuten

Gebratener Reis mit Ananas
1 kleine Ananas (etwa 600 g)
1 Dose Gemüsemais
(340 g Abtropfgewicht)
1 mittelgroße rote
Paprikaschote
50 g Rosinen
4 Knoblauchzehen
8 Eßl. neutrales Öl
2 Eier
100 g tiefgefrorene Erbsen
750 g gekochter Reis
(aus 250 g rohem Reis)
*5 Eßl. helle Sojasauce**
2 Teel. Zucker · 1 Teel. Salz

Zubereitungszeit:
etwa 25 Minuten

Gebratener Reis mit Gemüse

Aus Indonesien • Preiswert

• Den Knoblauch und die Schalotten schälen und fein hacken. Die Sojabohnensprossen kalt abspülen und abtropfen lassen. Die Möhren putzen, schälen und in feine Stifte schneiden. Die Zuckerschoten waschen, die Enden abtrennen.

• Die Eier mit 1/2 Teelöffel Salz in einer Schüssel verquirlen. 3 Eßlöffel Öl in einer Pfanne erhitzen. Die Eiermasse hineingeben und von beiden Seiten goldgelb braten. Das Omelett in Streifchen schneiden.

• Das restliche Öl in einer Pfanne erhitzen. Den Knoblauch und die Schalotten darin etwa 2 Minuten braten. Die Möhren, die Zuckerschoten und die Sojabohnensprossen etwa 2 Minuten mitbraten. Den Reis untermischen. Das restliche Salz, Ketchup, Zucker, Sambal Oelek und Sojasauce unterrühren. Alles noch etwa 2 Minuten braten. Die Omelettstreifen unterheben.

Bei 5 Personen pro Portion etwa:
1600 kJ/380 kcal

Gebratener Reis mit Ananas

Aus Thailand • Im Bild

• Die Ananas schälen, der Länge nach halbieren, den Strunk entfernen und das Fruchtfleisch in mundgerechte Würfel schneiden. Die Maiskörner abtropfen lassen.

• Die Paprikaschote halbieren, putzen, waschen und ebenfalls in Würfel schneiden. Die Rosinen heiß waschen, dann abtropfen lassen. Den Knoblauch schälen und fein hacken.

• In einer Pfanne 5 Eßlöffel Öl stark erhitzen. Die Eier hineinschlagen, verrühren, stocken lassen, grob zerteilen und an die Seite schieben. Das restliche Öl hineingeben, den Knoblauch darin goldgelb braten. Mit den Eiern verrühren.

• Die Ananas- und Paprikawürfel, den Mais, die Rosinen, die Erbsen und den Reis hinzufügen. Alles etwa 2 Minuten unter ständigem Wenden braten. Mit Sojasauce, Zucker und Salz abschmecken.

Bei 5 Personen pro Portion etwa:
2300 kJ/550 kcal

Zutaten für je 4–5 Personen

Reis mit Blumenpilzen
*70 g getrocknete Blumenpilze**
2 mittelgroße Möhren
4 Knoblauchzehen
8 Eßl. neutrales Öl
100 g tiefgefrorene Erbsen
750 g gekochter Reis
(aus 250 g rohem Reis)
*3 Eßl. helle Sojasauce**
1 Teel. Salz
2 Eßl. Zucker
100 g geröstete Cashewnüsse
*1 Teel. Sesamöl**

Zubereitungszeit:
etwa 30 Minuten
(+ 1 Stunde Einweichzeit)

Currynudeln mit Paprika
250 g Eiernudeln (Mieh)
*2 Stengel Zitronengras**
*2 Stück frischer Ingwer**
(je etwa daumengroß)
je 1 mittelgroße rote und
grüne Paprikaschote
*5 Eßl. Öl · 1/2 Teel. Kurkuma**
1 Teel. gemahlener Koriander
1 Teel. Sambal Oelek
(siehe Seite 27)
1/2 Teel. Paprikapulver,
edelsüß
*3 Eßl. süße Sojasauce**
1 Teel. Salz
400 ml Kokosmilch

Zubereitungszeit:
etwa 40 Minuten

Reis mit Blumenpilzen

Aus China • Braucht etwas Zeit

• Die Blumenpilze in eine Schüssel geben, mit warmem Wasser bedecken und etwa 1 Stunde einweichen. Anschließend die Pilze abtropfen lassen und in mundgerechte Stücke schneiden.

• In einem Topf etwa 1/2 l Wasser zum Kochen bringen. Die Möhren putzen, schälen und in etwa 1 cm große Würfel schneiden. Im sprudelnd kochenden Wasser etwa 2 Minuten blanchieren, dann in einem Sieb abtropfen lassen.

• Den Knoblauch schälen und fein hacken. Das Öl in einer Pfanne erhitzen. Den Knoblauch darin goldgelb braten. Die Pilze, die Möhren, die Erbsen und den Reis hinzufügen und etwa 1 Minute braten.

• Die Sojasauce, das Salz, den Zucker, die Cashewnüsse und das Sesamöl hinzufügen, alles gut durchmischen und sofort servieren.

Bei 5 Personen pro Portion etwa:
1900 kJ/450 kcal

Currynudeln mit Paprika

Aus Indonesien • Im Bild

• In einem Topf 2 l Wasser zum Kochen bringen. Die Eiernudeln darin nach Packungsanweisung nicht zu weich garen. Abgießen, kurz kalt abspülen und abtropfen lassen.

• Das Zitronengras waschen, in feine Ringe schneiden und fein hacken. Den Ingwer schälen und ebenfalls fein hacken. Die Paprikaschoten halbieren, von den Kerngehäusen und den weißen Trennwänden befreien, waschen und in Streifen schneiden.

• Das Öl in einer großen Pfanne oder im Wok stark erhitzen. Das Zitronengras, den Ingwer, die Paprikastreifen, das Kurkuma, den Koriander, das Sambal Oelek, das Paprikapulver, die Sojasauce und das Salz hinzufügen und etwa 2 Minuten braten. Die Nudeln einrühren und bei starker Hitze unter ständigem Wenden etwa 2 Minuten braten. Die Kokosmilch angießen und alles noch etwa 1 Minute köcheln lassen.

Bei 5 Personen pro Portion etwa:
1100 kJ/260 kcal

REGISTER

IMPRESSUM

Redaktion: Christine Wehling
Lektorat: Constanze Hub
Layout, Typographie und Umschlaggestaltung: H.-J. Beckers
Fotos: H.-J. Beckers
Foodstyling: Hanno Fust
Grafiken: H.-J. Beckers
Herstellung: Ina Hochbach
Satz: Filmsatz Schröter, München
Reproduktion: Penta Repro, München
Druck und Bindung: Appl, Wemding

ISBN 3-7742-2818-4

Auflage 5. 4. 3. 2.
Jahr 2000 99

Dankeschön an:
Josh Westrich und Christoph Fein für die gute Zusammenarbeit bei der Realisierung der Fotografien in ihrem Fotostudio in Essen.

Thidavadee Camsong wurde in Ratchaburi, Thailand, geboren, wo ihre Eltern ein Restaurant führen. Nach dem Abitur und Studium bereiste sie den ganzen asiatischen Raum und verschaffte sich einen umfassenden Überblick über die Küchen dieser Region. Während eines längeren Aufenthalts in einem thailändischen Kloster machte sie sich mit der vegetarischen Küche vertraut. Seit 1989 lebt Thidavadee Camsong in Deutschland. Sie arbeitet für mehrere Fachzeitschriften als Food-Journalistin und leitet Kurse für asiatisches Kochen.

Peter Lüffe erlernte den Beruf eines Kochs, bevor er Lebensmitteltechnologie studierte. Während eines einjährigen Aufenthalts in Asien vertiefte er seine Kenntnisse über die asiatische Küche, unter anderem als Koch im Hilton Hotel Tokio. Nach Deutschland zurückgekehrt, unterrichtete er an einer Berufsschule für das Hotel- und Gaststättengewerbe und gründete eine sehr erfolgreiche Weiterbildungseinrichtung für Mitarbeiter dieser Branche. Seit zehn Jahren ist Peter Lüffe Lehrer an einer Hauptschule.

Heinz-Josef Beckers studierte an der Universität Essen GH (Folkwang) Kommunikations-Design. Food-, Stillife- und experimentelle Fotografie zählen ebenso zu seinem Tätigkeitsfeld wie die konzeptionelle und grafische Arbeit für Firmen, Verlage und Agenturen.

Typische Zutaten, Kräuter und Gewürze

Alle Produkte, die hier näher beschrieben werden, sind in den Zutatenlisten mit einem * versehen.

Basilikum. Bei den Rezepten dieses Buches beschränken wir uns auf zwei Arten: Bai Horapha (Basilikum) und Bau Grapau (rotes Basilikum). Beide Sorten sind geschmacksintensiver als das europäische Gewürz.

Blumenpilze gibt es in unterschiedlichen Größen. Die Pilze mit den größten Hüten haben das beste Aroma.

Bohnensauce wird aus fermentierten Sojabohnen und Gewürzen hergestellt. Gibt es im Asienladen. Die Sauce ist sehr salzig.

Chiliöl ist ein rötliches Öl, das mit Chilischoten und Gewürzen aromatisiert worden ist.

Currypasten gibt es in guter Qualität in Asienläden. Sie halten sich in einer Plastiktüte mehrere Monate im Kühlschrank. Verwenden Sie genau die Paste, die im Rezept angegeben ist, denn nur mit dieser erhält das Gericht seinen charakteristischen Geschmack.

Galgant. Wurzel der in Südchina und Thailand wachsenden Galgantpflanze. Sie erhalten Galgant in Asienläden. Zum Aufbewahren läßt es sich sehr gut einfrieren.

Glasnudeln. Feine Nudeln, die aus Reis- oder Mungobohnenmehl hergestellt werden, auch aus Meeresalgen. Glasnudeln müssen vor dem Gebrauch eingeweicht werden. Selber nahezu ohne Eigengeschmack, nehmen sie die Würze zum Beispiel von Saucen sehr gut auf.

Ingwer. Knollige Wurzelstöcke einer in ganz Asien verbreiteten Staudenpflanze. Das eigentümlich scharf schmeckende Gewürz fördert die Verdauung. Frischer Ingwer hält sich, in ein feuchtes Tuch eingeschlagen, einige Zeit im Kühlschrank. Zum Würzen wird der Ingwer im Mörser zerstampft, fein geschnitten oder ausgepreßt.

Kemirinüsse. Aromatische Nußsorte aus Ostindien, die nach Mandeln schmeckt. Die Nüsse haben eine dicke Schale, die sich nur schwer entfernen läßt. Kaufen Sie die Nüsse deshalb bereits geschält. Kemirinüsse werden häufig gemahlen zum Andicken von Suppen und Saucen verwendet.

Kencur. Eine sehr aromatische Wurzel, die getrocknet zum Würzen verwendet wird. Kencur bekommen Sie in Asienläden.

Koriander wird als eines der ältesten Gewürz- und Heilkräuter in ganz Asien verschwenderisch verwendet. Da das Grün wie glatte